| 航海系列教材 |

航线设计

主　编　李良修　高　亮
副主编　于后菊　刘　航　解　元
编　者　李良修　高　亮　于后菊
　　　　刘　航　解　元　苑增国
　　　　臧恒源　王　珉　张　斌
　　　　周　侠　张　静
主　审　王立亮

中国海洋大学出版社
·青岛·

图书在版编目(CIP)数据

航线设计/李良修,高亮主编. —青岛:中国海洋大学出版社,2017.3
 ISBN 978-7-5670-1040-6

Ⅰ.①航… Ⅱ.①李… ②高… Ⅲ.①航海航线—设计 Ⅳ.①U697.3

中国版本图书馆 CIP 数据核字(2017)第 016091 号

出版发行	中国海洋大学出版社
社　　址	青岛市香港东路23号　邮政编码　266071
出 版 人	杨立敏
网　　址	http://www.ouc-press.com
电子信箱	155167920@qq.com
订购电话	0532—82032573(传真)
责任编辑	赵　冲　　　　　　　　电　　话　0532—85902495
印　　制	日照报业印刷有限公司
版　　次	2017年5月第1版
印　　次	2017年5月第1次印刷
成品尺寸	185 mm×260 mm　1/16
印　　张	11.75
字　　数	240千
印　　数	1~1 000
定　　价	29.00元

发现印装质量问题,请致电 0633—8221365,由印刷厂负责调换。

航海系列教材

编委会

主　编　刘　航　黄　尧　李长征
副主编　王可安　杨　华　丁　宁　傅象伦
　　　　李良修　解　元　王圣莲
编　委　杨森荣　臧恒源　高　亮　孙　然
　　　　于后菊　胡爱华　王立亮　台静静
　　　　周　侠　王翔宇　崔荣超

《航线设计》编委会

主　编　李良修　高　亮
副主编　于后菊　刘　航　解　元
编　者　李良修　高　亮　于后菊　刘　航
　　　　解　元　苑增国　臧恒源　王　珉
　　　　张　斌　周　侠　张　静
主　审　王立亮

前 言

为了更好地履行经修订的《STCW公约马尼拉修正案》和交通运输部2011年颁布的《中华人民共和国海船船员适任考试和发证规则》，进一步提高船员素质，使参加考试的学员更好地掌握专业知识，强化对《中华人民共和国海船船员适任考试大纲》中要求内容的理解，从容面对全国统考，我们编写小组认真领会《中华人民共和国海船船员适任考试大纲》的要求，在吸取本学院航海教研室多年教学和船员培训经验的基础上，编写了《航线设计》教材。

本教材以船舶的实际情况和船舶安全为出发点，内容系统、全面，适合于航海类专业的学生学习使用，也可供船员参加适任证书培训、考试使用。

本教材以行动为导向，以任务为引导，通俗易懂，便于学生掌握。

本教材在编写过程中参阅、引用了相关文献资料，在此一并感谢。

由于编者编写水平有限，教材中的不足之处和差错在所难免。同时，由于航海图单张普遍较大，无法在本书中进行展示，我们会在课堂教学中将海图展示出来与学生共同探讨航线的相关设计问题。在此，也恳请前辈、同行和读者批评指正，使之日臻完善。

编 者
2016年4月

目 录

任务一　航线分析 ··· (1)
　　资讯一　航线设计的原则 ·· (1)
　　资讯二　航线设计应考虑的综合因素 ·· (3)
　　任务训练一　航线设计因素的考虑 ··· (7)
　　任务训练二　航线信息分析 ·· (8)

任务二　图书资料的查取和使用 ·· (10)
　　资讯一　航线设计所需的资料 ·· (10)
　　资讯二　海图 ·· (11)
　　资讯三　英版《海图及航海出版物目录》 ································· (17)
　　资讯四　中版《航海图书总目录》 ·· (21)
　　资讯五　英版《世界大洋航路》 ··· (23)
　　资讯六　《中国航路指南》 ·· (26)
　　资讯七　英版《灯标与雾号表》 ··· (27)
　　资讯八　中国《航标表》 ·· (30)
　　资讯九　英版《无线电信号表》 ··· (33)
　　资讯十　英版《航海通告》 ··· (39)
　　资讯十一　中版《航海通告》 ·· (42)
　　任务训练一　海图的使用 ·· (43)
　　任务训练二　英版《海图及航海出版物目录》的使用 ················· (44)
　　任务训练三　中版《航海图书目录》的使用 ····························· (45)
　　任务训练四　英版《世界大洋航路》的使用 ····························· (46)
　　任务训练五　《中国航路指南》的使用 ···································· (46)
　　任务训练六　英版《灯标与雾号表》的使用 ····························· (48)

  任务训练七 中版《航标表》的使用 …………………………………………… (48)
  任务训练八 英版《无线电信号表》的使用 ……………………………… (50)
  任务训练九 英版《航海通告》的使用 …………………………………… (51)
  任务训练十 中版《航海通告》的使用 …………………………………… (52)

任务三 航线设计 ………………………………………………………………… (53)
  资讯一 航线设计(纸质海图) ………………………………………… (53)
  资讯二 航线设计(电子海图) ………………………………………… (66)
  任务训练一 青岛至湛江航线设计 ………………………………………… (67)
  任务训练二 青岛至悉尼航线设计 ………………………………………… (79)
  任务训练三 青岛至旧金山航线设计 ……………………………………… (91)
  任务训练四 青岛至鹿特丹航线设计 ……………………………………… (103)
  任务训练五 青岛至马山航线设计 ………………………………………… (116)
  任务训练六 青岛至苫小牧航线设计 ……………………………………… (126)
  任务训练七 青岛至长江口航线设计 ……………………………………… (135)
  任务训练八 长江口至厦门航线设计 ……………………………………… (146)
  任务训练九 厦门港至香港航线设计 ……………………………………… (155)
  任务训练十 航线设计(电子海图) ………………………………………… (165)

附录:航线设计评估题卡及评估标准 ……………………………………………… (172)
参考文献 …………………………………………………………………………… (178)

任务一 航线分析

完成本任务学习后,学生能够掌握航线设计安全、经济、合理的总原则;能够熟知涉及航线安全的各项因素;能够掌握航线设计时应考虑的船舶本身条件、气象条件、转向避让、船舶定制线、载重线、禁航区等其他因素;达到在航线设计之前能够准确、充足地收集用于计划航线准备工作时的信息,并有能力对航线信息进行正确分析。

资讯一 航线设计的原则

航线设计(Passage Planning)是一项比较复杂和细致的工作,涉及知识面广,需要一定的航海理论知识和实际经验的积累。

海上航行,尤其是大洋航行,水域辽阔,距离漫长,气象条件多变,船舶条件各异,虽然航行余地较大,但是制约条件繁多,与陆地交通相比,更具多变性和选择性。因此,如何根据航次任务的要求和船舶本身的条件,根据各种航行环境条件,做一个优质的航行计划,设计一条安全、经济、合理、可行的航线,是圆满完成航次任务的首要工作。

为了提高航线设计质量,增加航行安全度,在选择航线时,阅读相关的航海资料是十分必要的。对所经航区的水文、气象、航路等,都要有一个比较全面的了解。根据中英版航海资料中给出的推荐航线(Recommended Route),再加上自己本身的专业知识和实际工作中积累的经验,从中选择出一条适合本船具体条件和航行季节气象条件的既安全又经济的航线。

航线设计的要求很多,但综合各方面的要求,概括起来,对航线设计要求总的原则是安全、经济与合理。

一、安全

安全,是对航线设计的第一要求。即所设计出的航线对于该船来讲,任何时候,任何情况下,都必须是一条安全航线。涉及航线安全的因素很多,主要包括以下几方面:

(一)障碍物

所设计及绘画的航线上不能有任何的障碍物,包括陆地、岛屿、礁石(包括暗礁)、钻

井平台、正在使用的或废弃的井架、水上建筑、标注危险符号的沉船、性质不明的水下障碍物以及可能对船舶航行安全构成任何威胁的可疑物体和目标。

(二) 水深

计划航线所经过的水域水深对本船来讲必须是安全的。一般应选择大于 $1.5 \sim 2$ 倍船的吃水,通常 10 米以内吃水的船应选 20 米等深浅外的航线航行,以避免由浅水效应或涌浪浅的瞬间变化而对船的安全造成影响。

(三) 离岸距离

在航线设计过程中,应根据下列因素确定航线的离岸距离:船舶吃水的大小、航程的长短、测定船位的难易、海图测绘的精度、海岸陡峭及危险物的分布、能见度的好坏、风流影响的大小、航行船只的密度以及驾驶员的技术水平和经验。

给船舶避让和转向留有足够的余地为一般原则。一定注意的是,要防止因离岸太近而在船舶避让或转向中对船舶安全构成威胁。

沿岸航行,除在狭水道外,在能见度良好的情况下,距陡峭无危险的海岸,应在 3 海里以外通过,5 海里以外更佳。大洋航行或能见度不良时,应在 10 海里以外航行。

对于远洋船舶,习惯上离岸或转向点保持在 10 海里以外。因为航线或转向点离岸近,可能会遇到意想不到的麻烦,如因渔船、渔具、海带养殖等原因,造成船舶在操纵中没有足够的回旋余地;同时,急流也会把船推向岸边,造成搁浅。特别是远航后接近沿岸航行时,最初的离岸点不宜选择太近,应以 10 海里左右为宜。

(四) 离危险物距离

航线设计应尽可能远离危险物,若因进水道、岛礁区或进港必经之地,则应将航线设计到危险物附近的物标附近,以便于准确测定船位。待定得准确船位后,再将航线设计过危险区,以减小误差。

(五) 转向点

转向点应尽量选择在有合适的转向物标和具有定位条件的位置上,如选择较大的灯标、明显的灯塔或显著的岬角、山头、岛屿等。一般利用正横距离(Distance Abeam)转向较为方便,在航线设计时应用较为广泛。

(六) 浅水区

设计的航线严禁进入或通过对本船来讲没有足够富余水深的浅水区。

(七) 禁航区

设计的航线严禁进入或通过禁航区。

禁航区的种类很多,主要包括固定的禁航区域和临时的禁航区域。

（1）固定的禁航区域,如划定的军事区、演习区、海上油田作业区、自然保护区等。这些固定的禁航区在海图上都有明显的标注,在航路指南中也有相关介绍。

（2）临时禁航区域指因某种原因临时划定的禁航区,如各类军事演习区,水上或水下作业区等。这类临时禁航区不是固定的,一般在禁航之前一段时间,会通过航海警告的形式对外发布,内容包括禁航的区域界线、禁航原因、禁航的起始时间等。

在航线设计时,计划航线可通过这类禁航区内,只是要注意禁航的时间,若航行到此处时,禁航仍在禁航时间之内,则航行时不能进入,应临时改变航线,绕过禁航区。若航行到此处时不在禁航时间之内,则可正常通过禁航区。

二、经济

经济航线的衡量标准是航时而不是里程。

在设计航线时,根据所经海区的相关资料,尽量使航线能够利用沿途当中的风流等各种有利的自然条件,并尽量避开各种不利条件,以达到提高航速和缩短航行时间的目的。

有时,两港间选择两条不同的航线,其中一条可能比另一条航线航程要长一些。但是,各方面的航行条件对船舶比较有利,有好多外界条件可以利用,航行时间反而可能会少于另一条距离较短的航线。这时就应该选择这条航程较长但航时反而较短的航线。

三、合理

航线设计的要合理,所谓合理,是指符合正常的航行规律,不存在不必要的绕航等情况。比如,由青岛港去广州港,根据本船条件,没有特殊原因,可以由青岛经台湾海峡驶广州。因此,在没有特殊原因的情况下,由青岛经台湾海峡驶广州是合理的,而经我国台湾以东海域由青岛驶广州就是不合理的,因为无正当理由产生了船舶的绕航。

资讯二　航线设计应考虑的综合因素

船舶在海上航行,无论是大洋航行,还是近海或沿岸航行,都会受到各种不同外界条件和船舶本身条件的限制和制约。因此,在进行航线设计时,要对与船舶航行有关的诸多因素加以考虑。

在航线设计中,需要考虑的因素很多,但主要有以下几个方面。

一、船舶本身的条件

（一）船舶结构状况

设计航线时,船舶结构状况和结构强度是要考虑的首要条件。新船相对来说结构强度大,抗风浪能力强,具备在一定的风浪海区航行的条件,就可以选择大圆航线进行较高纬度海区航行。老旧一些的船舶,相对来说结构强度较低,抗风浪的能力相对来说较弱,因此要尽量避免在较大风浪的航区航行,在可能的情况下,避免进入高纬度航区,不选择大圆航线,同时,为避免进入较大的风浪区,可以适当绕航,要选择在低纬度风浪较小的航区航行。

(二) 船舶吨位的大小

船舶吨位是航线选择的重要因素。吨位大的船舶续航能力与抗风浪能力强,吨位小的船舶续航能力和抗风浪能力弱。因此,进行航线设计时,应根据本船吨位的大小,选择不同的推荐航线。

(三) 船舶的装载状态

船舶的装载状态是指处于满载、半载还是空载的状态,以及装载状态下有无甲板货,有没有对航行条件有特殊要求的货物。船舶空载状态下,吃水浅,干舷高,受风面积大,抗风浪能力弱,在风浪中摇摆得厉害,车、舵效力不好发挥,大风浪中操纵相对困难。满载状态吃水深,相对于空载抗风能力强,但干舷低,甲板容易上浪。所以若有甲板货,甲板上浪会对甲板货的安全构成威胁,同时对甲板设备造成损坏,甚至造成货舱内进水,对船舶安全构成威胁。

(四) 船舶的吃水

船舶吃水决定船舶能否通过航线上某些水深较浅的受限区。

(五) 船舶设备状况

船舶设备状况包括动力设备有无缺陷,助航设备是否完善,定位设备的定位能力是否完好等,这些因素也决定了船舶近海航行时,距岸的最小航行距离。

(六) 船舶尺度

船舶尺度决定船舶能否通过运河,在海峡或河道中航行时,能否通过桥梁及架空电缆等。

(七) 船员

船舶驾驶人员的业务素质和业务能力尤为重要。

(八) 船舶的续航能力

在远洋航行中,要根据船舶的续航能力,找到合适的补给港口。

二、气象条件

（一）风

这里所讲的风包括世界风带、季风、气旋风。

世界风带是常年不变的，而且每个风带所跨范围极广，因此对具体航线设计来讲，风带可选择性不强。

季风随季节而变化，风力强劲，持续时间长，对船舶航行影响很大。如 7、8、9 三个月的北印度洋的西南季风，西北太平洋，特别是中国南海和中国沿海冬季的东北季风，都是十分有名的，要引起重视。

为了避开强劲的季风对船舶航行的影响，世界大洋航路和大洋航路图中，在不同的海域，针对不同的季节，给出了不同的推荐航线。如北印度洋的西行航线，正常情况下，船舶出马六甲海峡后，在韦岛转向，经斯里兰卡南端，经八度水道，驶西北，经索马里东北角 10 海里处进亚丁湾。而在 7、8、9 三个月的西南季风季节，为了避开西行时强劲的西南风，出马六甲海峡后，经韦岛转向西南，经短暂的顶风之后，经一度半水道，在赤道无风带中一直向西，接近非洲大陆东岸时，转向北上进亚丁湾，这样避开了中低纬度上的西南风。（这是以前的航线，现在由于索马里海盗原因，航线不宜距索马里太近）。

再比如中国南海，由新加坡海峡北行航线，在冬季，为了避开强劲的东北季风，吨位小一些的低速船可选择东部靠近菲律宾吕宋岛西岸的北上推荐航线。

气旋风，气旋分为热带气旋与温带气旋。热带气旋是尽力要避开的。但是，由于温带气旋范围大，覆盖水域广阔，航行中一般是无法躲避的。但是，温带气旋的路径一般是有规律的。掌握了温度气旋的活动规律，则可以加以利用。如北太平洋的温带气旋一般在中国内陆生成后，会沿 35～40 度纬度线由西向东滚动。因此，在选择亚—美北太平洋航线时应东行，最好选择中纬度上的大圆＋限制纬度的等纬圈混合航线，在中纬度上东行，航行在温带气旋的右半圆的，顺风航行。由东向西航行时，选择较高纬度的大圆航线，经白令海在温带气旋的左半圆，吃顺风航行。

（二）雾

雾对船舶航行的安全威胁不亚于风。虽然现代航海设备的发展，特别是普通雷达及 ARPA 雷达的使用，减少了船舶雾中航行的危险性，但是，雾对船舶航行的威胁仍然没有解除。船舶在雾中碰撞、搁浅、触礁的恶性事故还是不断发生。

雾在海上一年四季都有发生，威胁最大的是平流雾，浓度大，范围广，持续时间长。除了各地随时都可能产生的雾以外，世界海域中固定的几个雾区在航线设计时，特别在实际航行中，应特别注意。如中国沿海、西欧沿海、北太平洋等一些海域，都是世界著名的雾区。

在航线设计时，在雾区之内，除非必需，计划航线的距岸距离与危险物的安全通过距离及转向点的选择对参照物的距离，都要保留足够的余地。

(三) 浪

海上的浪由风而起，大风过境必然伴随大浪，浪对船舶的损害严重，可使船舶倾斜，使船舶设备损坏，进而造成船舶进水而沉没。因此，要尽量避开大风浪区航行。同时，世界上某些海域，尤其是近岸，因气候和地理位置，会产生异常的涌浪，如好望角附近的南非南部沿岸。因此，在这样的海域航行，设计的计划航线不宜离岸太近。

(四) 流

这里所说的流主要是洋流。大洋上的洋流除了固定的几大洋流外，还有随季风而变化的季节流。各种洋流在一年四季中可表现出不同时间的强弱。

大洋航路中，对世界的洋流都进行了较详尽的描述，大洋航路图中对世界的洋流进行了更直观的描述。在航线设计中，洋流是值得考虑的一个重要因素。设计的航线应尽可能避开顶流，吃到顺流。有时，为了避开强顶流而利用顺流，可能会增加一定的航程。但由于在顺流的作用下，提高了航速，反而缩短了航时。这也是衡量经济航线的一个标准。

同时，由于现用的大洋航路图上的资料时间已久，世界海洋的自然环境和条件也不断发生一些变化，大洋航路图上的某些有关洋流的资料已与现实不符。在航线设计时，要根据自己的实际经验与现有书面资料相结合，以达到对洋流的最好利用。

三、转向与避让

在航线设计时，要仔细地研究航线中的避让和转向条件。在由大洋航线转入近海航线时，转向点最好选择在具有明显定位目标的地方，以利测得准确的实测船位。接近沿岸航行时的转向点周围要清爽，定位条件要好，沿岸航行时，岛屿多，障碍物多，通航密度大，渔船多，流速流向多变，航行环境复杂，因此，除非必需，否则，航线选择距岸、距障碍物距离不应太近，转向点距参照物不宜太近，以防在转向或避让中余地太小而发生意外。

四、船舶定线制

根据 IMO《船舶定线制的一般规定》*General Provisions on Ships' Routeing*，船舶定线制(Routeing System)是指旨在减少海难事故的任何单航路、多航路或定线措施。

船舶定线制包括分道通航制(Traffic Seperation Schemes, TSS)、双程航道(Two-way Route)、推荐航线(Recommended Route)、推荐航路(Recommended Trace)、避航区(Area to be Avoided)、沿岸通航带(Inshore Traffic Zone)、环行道(Roundabout)、警戒区(Precautionary Area)和深水航路(Deep Water Way)9种。

上述定线措施在实际水域中通常是根据当地情况相互结合起来使用的。

船舶定线制的目的是在下列水域中增进航行安全。

(1) 交通汇聚区域。

(2) 通航密度大的区域。

(3) 由于海域有限而使船舶活动的自由受到约束的水域。

(4) 存在航行障碍的水域。

(5) 水深受限的水域。

(6) 气象条件不佳的水域。

船舶定线制通常由各国海上交通安全主管机关负责实施，分强制和非强制两种。强制的船舶定线制由主管机关依法制订和实施，具有行政法规的性质，船舶必须遵守。非强制的船舶定线制不具有行政法规的性质，只是向船舶推荐使用。

在实际可行的情况下，船舶遵守非强制的船舶定线制是海员运用良好船艺的表现。

在航线设计时，所经航区若必须通过定线制区域时，若是强制性定线制，则必须按照定线制要求绘画航线并按照航线航行，严格执行相关规定。如经过新加坡海峡时，要遵守通过海峡的规定。

若是非强制性定线制，则根据具体情况，选择是否使用。

若是所经海区既可以通过定线制区域，也可不通过定线制区域时，可根据具体情况选择使用。当不使用定线制区域时，航线设计应尽量远离定线制区域，从定线制区域以外通过，如中国山东成山头好运角海区。

当在定线制区域航行时，若非抵港或接送引水员，不要在沿岸通航带内航行。

当船按照设计的航线进入或驶出定线制区域时，一定要按相关要求，使航线与通航带的船舶总流向尽可能成小的角度。当不得不穿越定线制区域时，要尽可能与船舶总流向成直角。

五、载重线

在进行航线设计时，要注意在航线的整个航程中，所使用的载重线区域。

六、禁航区

进行航线设计时，一定要注意，航线所经海域有无各种各样的禁航区存在。如有，所设计的航线一定不能进入禁航区，特别是那些固定的禁航区。详见资讯一"航线设计的原则"。

禁航区的问题既是航线设计的原则，也是航线设计中所考虑的重要因素。

任务训练一　航线设计因素的考虑

一、布置任务

请结合学习所掌握的内容，综合考虑航线设计时应考虑的各项因素，对以下问题进行解答。

(1) 进行航线设计时，如何确定适当的离岸距离？

(2) 进行航线设计时,如何确定避离危险物的安全距离?

(3) 进行航线设计时,对于航线附近障航物,应如何处理?

(4) 何为气候航线?何为气象航线?

二、任务解答

(1) 进行航线设计时,离岸距离的确定:在视线良好时,可在离岸 2 海里以外通过,若能见度不良,则要在离岸 10 海里以外通过。一般情况下大船要在 20 米等水深线外通过,小船应在 10 米等水深线外通过,无论如何至少要在 2 倍吃水的水深外航行。

(2) 进行航线设计时,避离危险物的安全距离的确定:至少应在离岸危险物 1 海里通过。

(3) 进行航线设计时,对于航线附近障航物的处理应用红蓝铅笔的红色端进行圈标或标记。

(4) 气候航线是根据多年积累的水文气象资料而拟定的航线。

气象航线是根据中、短期的水文气象资料而拟定的航线。

任务训练二　航线信息分析

一、布置任务

请结合资讯内容的学习,综合考虑航线设计时应考虑的各项因素,对以下资料中指明的航线设计资料进行分析研究。

散货船"天山"轮,总长 225.80 米,船宽 32.20 米,载重吨 68 450 吨,第 12 航次,装载散粮 61 500 吨前吃水 12.50 米,后吃水 12.70 米,燃油消耗量 32 吨/天,航速 14.5 节,预计于 2016 年 5 月 20 日当地时间 1800,由中国青岛港开航驶往荷兰鹿特丹港。要求设计一条由青岛至鹿特丹的合理航线。

航海工作人员在英版《海图及航海出版物目录》中,抽选查阅相应的航海图书资料如下:

(1) 首先在英版《海图及航海出版物目录》的卷首目录第 4 部分,航海出版物(Nautical Publications)中,查得:

英版《无线电信号表》在第 141 页。

英版《航路指南》在第 142～143 页。

潮汐出版物在第 144 页。

英版《灯标与雾号表》在第 145 页。

在第 141 页无线电信号表中,根据航线所经航区,抽选无线电信号表第一卷第 1、第 2 两册,即 NP 281(1、2)。

第二卷 NP282。

第三卷第 1、第 2 两册 NP283(1、2)。

第四卷 NP284。

第五卷 NP285、第六卷第 4、第 3、第 2、和第 1，共 4 册。NP286(1、2、3、4)。

(2) 在第 142～143 页航路指南中，抽选航路指南第 32 卷、30 卷、44 卷、38 卷、64 卷、49 卷、45 卷、67 卷、22 卷、27 卷、55 卷。

(3) 在第 145 页《灯标与雾号表》中，按航线航区抽选 F 卷、D 卷、A 卷。

(4) 在潮汐出版物中，抽选第四卷，第三卷、第一卷即 NP204、203、201。

二、分析研究航线信息

青岛至鹿特丹属跨洋航线，经太平洋、印度洋、地中海、大西洋，同时，又经新加坡-马六甲海峡、直布罗陀海峡、英吉利海峡、苏伊士运河，是一条典型的集大洋航线、近海航线、狭水道、运河、沿岸航线为一体的，多种航法的大洋恒向线复合航线。

本航线航程较长，航行时间亦较长，根据本轮给出的航速，以及开航的时间，由青岛至鹿特丹航行需一个多月。因此，路途中航行的时间为 3～4 月份。这个季节，对于北半球来讲，无论是太平洋还是印度洋，抑或大西洋，都是航海的黄金季节。就中国沿海及我国南海航区来讲，东北季风已经结束，西南季风尚未开始，因此，在中国沿海及南海海域，不会有太大的风浪。

印度洋一段，仍处在东南信风季节，西行航线为顺风航行，西南季风尚未开始，且航行纬度不高。根据大洋航路推荐航线，此季节由马六甲海峡至亚丁湾的北印度洋航线宜走 8 度水道(Eight Degrees Channel)。

近年来，亚丁湾沿岸海盗猖獗，虽然现在此海域有国际护航舰队护航，但船舶被索马里海盗劫持的事件还是时有发生。因此，在航线设计上，在此海区应尽量距索马里沿岸远些。所以，当由北印度洋进入亚丁湾时，以取道苏克特拉岛以北为宜。

红海因周围基本是沙漠地区，常年气温较高，海陆风现象比较明显，但一般不会太大，六级风以上很少见。一般情况下，风浪天气不多。

根据开航时间，当进入地中海时，已是 4 月中下旬。此时的地中海航区，强劲的东北季风已经过去，整个地中海地区风浪不大。

船舶由地中海经直布罗陀海峡进入北大西洋后，春末夏初的北大西洋，由西北大西洋纽芬兰地区过来异常活跃的强温带气旋已进入尾声，同地中海海区一样，也开始了一年当中的黄金季节，一般不会有异常恶劣的天气。只是英吉利海峡和北海海域开始变得多雾。

任务二 图书资料的查取和使用

任务目标

完成本任务学习后,学生能够熟知航线设计及实际航行中需要使用的航海资料;能够利用相关的航海资料,抽选所需要用的全部海图,包括总图、航用图、港泊图以及所需要的其他海图(如大圆海图、航路图、气象图等);掌握利用相关资料,查取所需要航海资料,包括航路指南、灯标表、雾号表、无线电信号表、潮汐表等;熟练掌握航线设计时对所查取的航海资料的应用方法。

任务资讯

资讯一 航线设计所需的资料

从出发港至目的港,需要设计一条安全、经济、合理的航线,对该航线所经海区的航行条件、航行环境、通讯保障等客观环境进行研究和了解,并利用相关的资料,对所需的海图进行正确的抽选改正之后,在海图上进行正确的绘画和标注,经过相应的计算,最后认真规范地编制、填写《航线设计报告书》。

在航线设计及实际航行中,需要使用以下最基本的有关航海资料。

(1) 海图。*Nautical Charts*(中版、英版、澳版、美版等)

(2)《海图及航海出版物目录》(中版、英版)。

中版为《航海图书目录》。

英版为 *Catalogue of Admiralty Chartes and Publications*。

(3) 英版《世界大洋航路》。*Admiralty Ocean Passages for the World*

(4)《中国航路指南》(设计中国沿海航线)。*Sailing Direction*

(5) 英版《航路指南》。*Admiralty Sailing Direction*(也称为 *Admiralty Pilot Direction*)

(6) 中版《航标表》。*List of Lights*

(7) 英版《灯标与雾号表》。*Admiralty List of Lights and Fog Signals*

(8) 英版《无线电信号表》。*Admiralty List of the Radio Signals*

(9)《潮汐表》(中版、英版)。*Tide Tables*

(10)《航海通告》(英版、中版)。Admiralty Notice to Mariners

资讯二 海图

海图是航海资料的主要资料之一,是船舶进行航线设计和船舶实际航行所需要的基本资料。没有海图,人们不仅无法进行航线设计,而且船舶将无法航行。

一、海图的分类

(一)按出版国家分类

根据海图出版的国家不同,最常见和最常用的有以下几类:

1. 中版海图

中版海图分为军用图和民用图两种。军用图供海军使用,由中国人民解放军海军司令部航海保证部出版,民用图由中国航海图书出版社出版。两种图采用不同的海图编号方式。

中版海图的范围包括了中国近海及沿海所有海域,海上物标的高度与水深均以米为单位。

由于海上的各种自然条件和助航标志出于各种原因经常产生变化,这些变化可能会影响到船舶的正常航行和安全航行。因此,海图上的资料必须要进行实时更新,做到与海上的实际情况相符。这就需要对海图进行相应的改正。对海图进行改正的依据和资料来源是航海通告。

2. 英版海图

英版海图是由英国海军水道测量局出版,包括了世界范围内的所有海域,是国际上最普遍也是使用最广泛的海图。英版海图在世界任何一个国家可以通用。

从制式上,英版图分为两种:米制图和英制图。

米制图中,物标高度和深度均以米为单位。

英制图中,物标高度以英尺为单位,水深则以拓为单位。

英版海图根据出版机构不同,分为英国版图和国际版图,即 B.A CHART 和 INT CHART。

二者只是出版机构不同,其他没有任何区别,可以通用。

由英国海军水道测量局出版的英版图称为 B.A CHART,即 British Admiralty Chart。

由国际海事组织测量局出版的英版图,称为国际版图,标为 INT CHART,即 International Chart。

对英版海图的改正资料来源是由英国海军水道测量局出版的英版航海通告,即 Admiralty Notices to Mariners。

3. 其他版海图

另外还有其他国家出版的海图,如新西兰版海图、丹麦版海图等。但这些国家对海图的使用并没有特殊的要求。

同时,英版航海通告的内容包括了对新西兰版海图改正的内容。

(二) 按用途分类

从海图用途上分类,海图可分为以下 3 种。

1. 航用海图

航用海图的投影方式是墨卡托投影,因此也称为墨卡托海图,航用海图主要用于航线的设计,航线的绘画、航行当中的船舶定位和海图作业,是最基本的海图。

2. 专用图

专用图具有某种特殊用途,如空白图、大圆海图、纬度渐长率图、磁差曲线图等。

3. 参考图

参考图对于航海的某些方面具有参考价值,用于航线设计或航行中的参考,如大洋航路图、航路指导图、载重线区域界线图、气象图等。

(三) 按比例尺大小分类

根据比例尺大小,航用海图可分为以下 4 种。

(1) 总图。

(2) 航用图。

(3) 沿岸图。

(4) 港泊图。

二、几种常用海图的介绍

(一) 航用海图

航用海图,即船舶日常航行所使用的航海用图,是船舶必备的最基本的航海用图。

1. 航用海图的特点

(1) 航用海图图面上包含了所有的与航海有关的地理环境资料。

(2) 图上所有的经线和纬线都是平行的直线,且经线和纬线互相垂直。

(3) 图上表现出了纬度渐长率,因此图上每一纬度之间在图上所含的长度不相等。

(4) 恒向线在航用海图上表现为一条直线,且该直线与所有的经度线夹角相等。

(5) 在图上可以直接地绘画航线,量取方位和距离,进行船舶定位。

2. 航用海图的用途

(1) 用于航线的设计。

(2) 航线的绘画。

(3) 航行当中的船舶定位和海图作业。

3. 航用海图的分类

(1) 总图：比例尺一般小于 1:3 500 000。

特点：比例尺小，所含海域范围大，但由于比例尺太小，因此一些比较小的地理物标在图上反映得不完整、不详细。不能做为航行定位使用。

用途：作航行计划，绘画计划航线。

(2) 航行图：航行图又可分为大洋航行图和近海航行图两种。比例尺一般大于 1:3 500 000。

远洋航行图一般在 1:3 500 000 至 1:1 000 000 之间。

近海航行图一般在 1:1 000 000 至 1:200 000 之间。

特点：比例尺远大于总图，比较详细和完整地反映了大洋和近海范围内与航海有关的地理概貌，或满足大洋或近海海域的航行及定位需要。

用途：用于大洋或近海航行定位，海图作业。

(3) 沿岸图：比例尺大于航用图。根据航区的情况，具有各种比例尺不等。其范围在 1:100 000 至 1:200 000 之间。

特点：更加详细地反映了沿岸海域与航海有关的相关地理资料。

用途：用于沿岸或航行环境复杂海区的航行定位、海图作业。

(4) 港泊图：是比例尺达到最大的一种海图，比例尺大于 1:100 000，一般采用高斯投影的方式制成。

特点：详细准确地反映了该水域与航行有关的所有资料，包括码头、泊位情况，并带有该港口及附近水域的潮汐情况。

用途：用于船舶进出港口、锚地锚泊等作业使用。

(二) 大圆海图

大圆海图属专用海图，大圆海图是一种心射平面投影图。主要用于设计大圆航线。

大圆海图共分五个洋区，每个洋区1组，共分5组，每组张数不等。

图号分别为 5095～5099：

5095 北大西洋；

5096 南大西洋及南部洋区；

5097 北太平洋；

5098 南太平洋及南部洋区；

5099 印度洋及南部洋区。

1. 大圆海图的特点

(1) 在大圆海图上，所有的大圆弧均为直线。

(2) 经线为由极点向外辐射的直线，极点可能在图内，也可能不在图内。当切点位于赤道上时，经线为南北向互相平行的直线。

(3) 纬线为凸向赤道而凹向近极的圆锥曲线。当切点位于两极时，纬线为以极为圆心的同心圆。

(4) 赤道在图上为垂直于切点经线的直线。

(5) 大圆海图的投影仅在切点处没有变形,随着切点距离的增加,变形将越来越大。

(6) 在大圆图上可量取某点地理坐标的经、纬度,但不能量取航向和方位。

(7) 在大圆图上不能量取距离,不能进行船舶定位和航迹绘算。

2. 大圆海图的用途

大圆海图的用途主要是绘制大圆航线、混合航线。

3. 在大圆海图上设计大圆航线的原理

根据球面几何原理,在球面上,两点间的最短距离是连接两点间小于180°的大圆弧。而在大圆海图上,所有的大圆弧都是直线。因此,在大圆海图上,连接两点间的直线在球面上就是一条大圆弧,也就是地球上两点间的最短距离。所以,大圆海图上表示两点间航线的直线,就是地球上该两点间的大圆航线。

(三) 大洋航路图

1. 概况

大洋航路图是船舶选定航路与设计航线的重要参考图,它更直观地显示世界主要港口间的各条推荐航线。

航路图共分五个洋区,每个洋区1组,每组从1月至12月,每月1张共计12张,五组总共60张图。图号分别为:

5124(1)~(12)北大洋;

5125(1)~(12)南大西洋;

5126(1)~(12)印度洋;

5127(1)~(12)北太平洋;

5128(1)~(12)南太平洋。

航路图中,每张图中载有的资料包括该月份、该洋区的大洋习惯航线和航程及风力和风向、洋流、冰区界限、载重线区域等资料。

航路图系墨卡托投影图。在图上可以量取方位和距离,但由于海图比例尺太小,不能作航行用图,但可以量取大概的航向和航程。因此,航路图除了作为航线设计的参考资料外,还可以作为总图使用,在图上进行航线设计。

2. 图中主要内容

(1) 推荐航线。连接港口终点间的黑线为推荐航线。在推荐航线中,应注意以下几点。

① 折线表示推荐航线为恒向线,曲线表示推荐航线为大圆航线。

② 航线上单箭头符号→表示单向航线,双箭头符号←→表示可用于往返航线。

③ 航线上的数字,表示两港之间以海里为单位的航程。

④ 两港间有几条推荐航线时,表示不同的季节所适用的航线,应根据季节、本船条件、实际气象条件等因素来选择一条合适的航线。

(2) 洋流。用绿色箭矢表示该月当地表层洋流的流向,箭矢的形状表示该方向洋流持续的百分率。如：双箭头表示 75%～100%，单箭头表示 51%～74%，曲线箭头表示 25%～50%，点点箭头表示观测资料不足。

箭矢尾端的数字表示以节为单位的平均流速，并有大于号（>）或小于号（<）所标的流速值。

表层流的分布资料对航线设计是十分有用的。从航线所经海区可以看出是顺流、顶流，还是横压及流的强度。

(3) 风花。用红色圆圈和许多不同方向的红色箭矢组成"风花"(Wind Rose)，表示当地盛行风的各类数据。

① 箭头方向表示风向。

② 箭杆粗细表示风级。

③ 箭杆长度表示该方向上风出现的百分率，规定 2 英寸长表示 100%，箭头顶端至风花圆周固定为 5%。

④ 风花中心三个数字的含义：上行数字表示该月观测次数，中行表示风向不定占全部观测次数的百分率，下行表示无风的百分率。

风花可从航线所经海区查看常见的风、流情况。

(4) 冰区界限。在图 5126(9)的中南部高纬区，用不同红色点线表示流冰群、小冰山、冰山出现的平均界线，并有英文说明。

(5) 国际载重线区域界限。根据 1968 年《国际商船载重线公约》，用红（夏季）、绿（热带）、蓝（冬季）来划分各载重线界限适航区。

(6) 附图。每月的航路图上有四张附图，现以 9 月份印度洋 5126(9)为例说明。

① 月平均气压场(Mean Air Pressure)与平均气温(Mean Air Temperature)图。红色实线为当月平均气压的等压线。图中 9 月份平均气压高值区位于印度洋中部，即 30°S/70°E处，平均气压达 1 024 mbar(102.4 RPa)，该范围内的天气多以晴好为主。此时我国南海受低压影响，可能有雷雨天气。绿色实线为 9 月平均温度的等温线。

② 当月雾与低能见度图(Fog and Low Visibility)。红色实线代表当月雾发生频率，从图中可知印度洋 9 月份能见度较好，能见度小于 5 海里的概率在 10%以下。中国沿海能见度小于 5 海里只有 5%左右。另可看出广东沿海、科伦坡附近及亚丁湾，偶有浓雾出现，概率较小。

③ 当月露点温度与海水温度图。图中红线和绿线分别表示绘出露点温度(°F)和海水表层温度(°F)的等温线。当二者相近时，可导致雾的生成。从图上可见，印度洋平均水平温度梯度较小。从主机冷却水的效果与货物受热的角度来看，在印度洋赤道附近与中国东海沿岸的海水温度最高，约为 26.67 ℃。

④ 当月热带风暴路径与 7 级以上大风分布图。红色矢线绘出的热带风暴路径是依据该月多年实况选定的，孟加拉湾 9 月份偶尔会有热带风暴的侵害。本月中国台湾海峡及南海遇到热带风暴可能性大，要多加注意。当然，热带风暴的路径不能作为避台风的依据，但它提醒航线设计者，要考虑在航经上述海区时，可能会遇到台风。绿色实线是 7 级或 7 级以上风力的分布线，数字是表示其发生频率。例如，印度洋 9 月份发生 7

级以上大风主要在孟加拉湾、索科特拉岛附近及东南印度洋海面上。图中的主要大风区是位于太平洋的北部。

3. 大洋航路图的查阅

通过上面的介绍,查 5126(9)号航路设计图,结合大连—亚丁航线,得出 9 月份航线上的水文气象情况,可做出一个大略的估计:在台湾海峡、中国南海可能会遇到台风,并且台风运动路径复杂多变。在航经这一段海区时,要提高警惕,及时接收天气预报,密切注视台风的动向。过马六甲海峡后,要留意孟加拉湾台风。航线西行横穿印度洋时,9 月份为印度洋西南季风减弱的季节。但从 5126(9)图中可知,西行航线主要还是受西南季风的影响,一路上基本为偏顶风顶流。考虑到索科特拉(Suqutra)岛附近海区风大浪高,西行航线可选择在八度海峡或视本船情况选取风浪较小的一度半海峡,再向北直插亚丁港,尽量避开险恶海区。《航路设计图》给出了船舶在航越大洋中较为详细、直观的气象资料。

(四) 空白海图

空白海图,是没有任何航海资料的一种墨卡托投影的空白图,图上除了经度线和纬度线外,没有任何的其他航海资料。在没有航用海图的大洋航区,用于船舶驾驶人员进行航行定位、航迹绘算等海图作业。空白图上仅对纬度线进行了标注,而对经度线没有进行任何的标注。也就是说在该图标注的纬度线范围之内,在任何经度线范围之内都可使用,所使用的经度驾驶人员可根据所在的航区自行标注。

1. 空白图的分类

带有罗经花,供船舶定位和航迹绘算的空白图,按比例尺大小,可分两类:

(1) 比例尺 1∶1 000 000,共 8 张,每张所含纬度范围不等,分别为:

0°∼30°N/S 30°N/S∼48°N/S 48°N/S∼60°N/S 60°N/S∼66°N/S 66°N/S∼72°N/S 72°N/S∼78°N/S 78°N/S∼84°N/S 84°N/S∼90°N/S。图号分别为 5331∼5338。

(2) 比例尺 1∶250 000,共 11 张,每张所包含纬度范围相等,均为 6°,从 0°始,每 6°一张,至 66°。图号分别为:5339∼5349。

2. 空白图的使用

(1) 空白海图上仅为相应的纬度进行了标注,必须在相应的纬度范围内海区使用。每张图所标注的纬度为南、北纬两用,因此同一张图可以在南、北纬相同纬度范围内使用。图的标题一端在上时,为北纬,标题一端在下时,为南纬。

(2) 由于空白图上仅对纬度进行了标注,仅对纬度范围进行了界定,而没有对具体的海区进行界定。因此在使用时,使用者可以根据船舶所在的具体航区,对图上的经线所代表的经度进行自由编排。

(3) 由于空白图采用的是墨卡托投影,且比例尺适合作为航行图,因此,空白图可与普通航用海图一样使用,可以进行天文、GPS 等船舶定位,并进行航迹绘算。

(4) 由于空白图上没有任何的陆标和航标等物标,所以,在空白图上不能直接进行陆标或雷达物标定位。

（5）由于空白图上没有任何与航海有关的相关信息，所以，在航行中，空白图必须参照相关海区的航用图，或与总图结合使用。

资讯三　英版《海图及航海出版物目录》

英版《海图及航海出版物目录》，即 *Catalogue of Admiralty Chartes and Publications*，在英版航海出版物中的编号为 NP 131。

一、内容简介

第一部分　PART 1

Introduction 总论。

总论部分包括八个方面内容：

（1）*Admiralty Charts and Publications*（航海出版物情况介绍）。

（2）*Contents*（本书总目录）。

（3）*Limited of Admiralty Charts Indexes*（英版海图分区索引）。

将全世界的海区分为 24 个区域，64 个小部分，每个区域用一个英文字母表示，从 A—X。

在每个区域中，为了更详细些，又在每个区域内分了几部分，以本区域的字母和顺序号表示，如 B，B1、B2 等。

本索引主要用于航线设计时对海图的抽选。在使用时，根据所经海区，在本书的该区内，对海图进行抽选。每个人必须学会熟练使用。

（4）*Admiralty Authorized Charts Agency Distributors*（授权的全球英版海图及图书代理商分布情况）。

（5）*ARCS/ENC Compliant Equipment and Software Supplier*（全球英版光栅海图服务机构/电子海图及相关设备及软件的供应商介绍）。

（6）*Admarilty Vector Charts Service AVCS*（英版无线电导航海图服务介绍 AVCS）。

（7）*ECDIS Service, Admarilty Raster Charts Service*（全球电子海图/无线电导航图服务介绍）。

（8）*Webchart Service Standered Nautical Chart, Digital Catalogue*（网络海图服务介绍：标准航用海图、电子海图目录）。

第二部分　PART 2

Nautical Charts 航用海图

本部分,根据第一部分中的英版《海图分区索引》的内容,以分区形式,分别列出了全球某个航区所需用的全部海图。

(1) A 区为全球区域,包括:

AA—*World Navigating Planning Charts* 全球航用计划图,比例尺小,图幅大,用于整体航线的绘画设计。

A—*General Nautical Charts* 全球总图,用于整体航线的绘画设计。

A1—全球比例尺为 1:3 500 000 或相应比例尺海图,用于整体航线的绘画设计。

A2—东北大西洋,欧洲水域、地中海水域小比例尺海图。用于整体航线的绘画设计。

(2) 从 B 至 W,分别为各航区的航用海图索引。

包括:总图、航用图、沿岸图、港泊图。

(3) X 部分 为海图夹编号索引海图夹是将某一海域的海图作为一个海图集中存放,是欧洲国家对海图进行管理的一种方式,共有 100 个海图夹。

第三部分　PART 3

Thematic Charts,专用海图目录。

本部分列出了航海上所需的不同用途的专用海图目录。

(1) *Routing Charts*,大洋航路图,此图分各个洋区介绍了世界航路的航行条件和航行环境。用于大洋航线设计时的参考。

(2) *Routing Guides*,属于参考图,共三张,分别介绍了世界上三个通航密度最大的海峡(狭水道)的通航规则、岔道通航及报告制度。三个海峡及狭水道分别为英吉利海峡、马六甲海峡和新加坡海峡与苏伊士湾。

(3) *Gnomonic Charts*,心射投影图,即大圆海图,用来设计大圆航线。

(4) *Instructions Charts*,在英国水域,英国用来以培训和考试为目的的海图,但本图因不包括最新的信息更新,因此,不能作为以航行为目的的航用海图使用。

(5) *Hydrographic Practice and Symbols*,水道水文测量及水上标志符号图,包括内容:航标符号、海图图式、水深英制、公制换算、符号及缩写等。

(6) *UK Practice and Exercise Charts*,英国海军训练演习区域图。

(7) *The World Time Zone Chart*,世界时区图。

(8) *Main Ocean Routes*,大洋航线图。

(9) *The World General Serface Current Distrabution*,世界大洋表面洋流图。

(10) *Metorological Charts*,世界海区气象图。

(11) *Magnetic Variation Charts*,世界海区磁差图。

(12) *Territorial Sea Baseline Charts*,世界相关岛屿领海基线划分图。

(13) *Tidal Charts*,潮流图。

(14) *Plotting Diagrams and Sheets*,空白海图索引。

(15) *Bathymetric Charts*,航海测绘图表。

第四部分　PART 4

Nautical Publications,航海出版物。

(1) *Admiralty List of Radio Signals*(ALRS),英版《无线电信号表》。

(2) *Admiralty Sailing Directions Pilot*(ASD),英版《航路指南》。

(3) *Admiralty Tidal Publications*,英版潮汐出版物。

(4) *Admiralty Digital Publications*(ADP),英版电子出版物。

(5) *Admiralty Total Tide*,英版潮汐表。

(6) *Admiralty Digital List of Lights*,英版电子版灯标表。

(7) *Admiralty Digatal Radio Signals Volujme 6*,英版《电子版无线电信号表》第六卷。

(8) *Admiralty List of Lights and Fog Signals*(ALL),英版《灯标与雾号表》。

(9) *Astronomical Publications Catalogue*,天文出版物目录。

(10) *Distance Tables*,英版世界港口里程表。

(11) *Related Admiralty Publications*,相关的航海出版物。

(12) *Admiralty Notices to Mariners*,英版航海通告。

第五部分　PART 5

各种相关产品及服务信息,*Miscellaneous Products & Services*。

(1) *Availability of Admiralty Notices to Mariners and Uptate Service*,最新英版航海通告的获取及服务信息。

(2) *Consultancy Service*,咨询服务信息。

第六部分　PART 6

业余产品,*Leisure Products*。

(1) *Leisure Folios*；*Charts*；*Leisure Editions*。

(2) *Admuralty RYA Chart Plotter*；*ARCS Skipper*,*Easy tide*。

第七部分　PART 7

英国在世界各地水文测量机构分布,*Foreign Hydrographic Offices*。

Countries with established hydrograhpic office,英国在世界上设有水道测量机构的国家。

第八部分　PART 8

广告,*Advertisers*。

(1) *Index of Advertisers by Country*,广告宣传的国家目录。

(2) *Advertment*,广告内容。

第九部分 Part 9

总目录索引,*Numerical Index*。

(1) *Admiralty Nautical Charts*,(英版《航用海图总目录索引》)。

(2) *UKHO Reproductions of Australian Charts*,英国水道测量局出版的澳大利亚版海图。

(3) *UKHO Reproductions of New Zealand Charts*,英国水道测量局出版的新西兰版海图。

(4) *UKHO Reproductions of Japanese Charts*,英国水道测量局出版的日版海图。

(5) *Admiralty Thematic Charts*,英版主题海图目录。

(6) *Admiralty Leisure Editions Folios & Tough Charts*。

(7) *International Charts*,IMO出版的海图目录。

(8) *Admiralty Publictions*,英版出版物目录。

第十部分 PART 10

价格表,*Price List*。

Admairlty Charts and Publications Reconmmended Retail Price List(UK RRP),以英镑为单位的英版海图及出版物推荐价格表。

二、英版《海图及航海出版物目录》正确查阅

英版《海图及航海出版物目录》的用途主要有三个:抽选航次所用的海图和航海图书资料、检验船舶现存海图的有效性、求购新的海图和航海图书资料的依据。

(一) 抽选航次所用海图及航海图书资料。

(1) 首先在英版《海图及航海出版物目录》第2页的《目录》(*Contents*)中,在第一部分介绍(PART 1 *Introduction*)中,查得海图索引分区(*Limits of Admiralty Charts Indexes*)在第3页,第二部分为航用海图(*Nautical Charts*),第三部分为专用海图(Part 3 *The Matic Charts*)。

(2) 根据第二部分航用海图索引。

AA部分为世界航线计划图(*Planning Charts*)在第14页。

A部分为世界海区总图在第14~15页。

A1部分为1∶3 500 000以下小比例尺海图第16页。

B—W部分为世界各分区大比例尺航行图。

(3) 在第二部分相关页面中抽选海图。

从AA中,抽选航行计划图,确定航线的基本走向。

根据航线的基本走向,从A或A1中抽选总图,用于具体航线的设计和绘画。

从第3页海图索引分区中,确定航线所经的海图分区代码。

在相应代码中,抽选该航区的航用海图。

(4) 在第三部分相关页面中,查取航次所需的相关专用海图,如大圆海图,大洋航路图等。

(5) 抽选航次所用相关航海资料是英版《海图及航海出版物目录》另一个主要功能。抽选方法如下:

首先在英版《海图及航海出版物目录》第 2 页的《目录》(Contents)中,找到第四部分航海出版物(Part 4 Nautical Publications)栏目,然后在相关页面中,抽选航次所需的相关航海图书资料。

(二) 检验船存现有海图及航海资料的有效性

检验船舶现有所存海图及航海资料的有效性,是《海图及航海出版物目录》的第三个主要功能。检验的方法如下:

首先在英版《海图及航海出版物目录》的第二部分《航用海图目录》中,查看每一张海图注明的出版时间及改版时间;然后将船存现有某张海图图上注明的出版(改版)时间与最新的英版《海图及航海出版物目录》上注明的相应的海图出版(改版)时间进行比对。若海图上注明的出版(改版)时间与英版《海图及航海出版物目录》上注明的时间相同或晚于英版《海图及航海出版物目录》上的时间,则该张海图是有效的;若是海图上注明的时间早于英版《海图及航海出版物目录》中注明的时间,说明该张海图已经出了新版,而现存的海图上的资料没有进行最新的改正,已经过期,需要另行购买新图。

(三) 求购新的海图和航海图书资料的依据

如果船上某些资料过期作废或需添置新的海图和航海图书资料,应根据上述(二)部分的内容提出申购更新。

资讯四 中版《航海图书总目录》

中版航海图书总目录,其作用与英版航海图书总目录相同。是由中国海军航海保证部出版,专供国内船舶设计中国沿海航线使用,编号为 K102。

一、内容简介

全书根据所包含的内容不同,共 10 部分内容:

(1) 总目录列出了全书内容总目录。

(2) 海图图号索引按比例尺大小排序,以由北向南的原则,列出了中国海区所有海图的总索引,内容包括:图号、图名、面积、所在本书的页码。

(3) 分区索引图将中国海域分为若干海区,由北向南排序,列出了各区的索引。内容包括海区名称与所在页码,便于按区查找抽选海图。

(4) 中国海区及附近(总图)列出了中国海域及附近航用总图目录及图示,便于中国海区及附近海区的航用总图的抽选,内容包括:图号、图名、比例尺、出版时间。

(5) 中国海区(总图及航用图)由北向南,按分区索引中所分区域,给出中国沿海航用总图、航用图、港泊图目录和示意图,便于在各相关海区内抽选比例尺合适的航用海图。内容包括图号、图名、比例尺、出版时间。

(6) 渔业图给出了中国沿海及附近海域适于渔船使用的航行及作业海图。内容包括:图号、图名、比例尺、出版时间。

(7) 航海书表示意图列出了仅供国内船舶使用的中版航海出版物内容包括:书号、书名、出版时间、改版时间、开本大小。

(8) 中国航海图书出版社航海图书专销站分布图列出了中国航海图书出版社出版物在全国的专销分布图。

(9) 航海通告改正登记表,供本书使用者对所收中版航海通告的改正进行登记。

(10) 航海图书收费标准:各种出版物的收费标准。

二、中版《航海图书目录》正确查取

与英版《海图与航海出版物目录》一样,中版航海图书总目录同样具有三个主要用途:抽选航次所用海图;抽选航次所用航海资料;检验船存现有海图的有效性。

(一) 海图的抽选:

(1) 根据航次任务所给的出发港和目的港,从分区索引图中,找出适合航区要求的海区。每个海区用一个矩形方框表示,每个海区方框内的一个角上有一个数字,表示该海区所在的本书页码。(注:最好能在所选的海区中同时包含出发港和目的港。若是在一个海区的图幅内不能同时包含出发港和目的港,则可通过选择相邻海区的方法,一直从出发港选到目的港。

(2) 按照分区索引图中查取的相关分区页码,查取航线所需要的各种比例尺的海图。

(3) 在《中国海区及附近》图幅内,根据航线所跨区域,查取、抽选航线所经海区的总图。

(4) 在《中国海区》图幅内,查取航线所经海区内所需的航用图和沿岸图。

(5) 在各个海区分区内,查取抽选本区内所需的沿岸航用图、港泊图以及所需的其他相关大比例尺海图。

(二) 相关航海资料的查取

在总目录的《航海书表示意图》中,根据航线所经海区,查取所需的相关航海资料。
包括:
中国航路指南　　　A101~103
中国航标表　　　　G101~103 G201

中版潮汐表　　　　H101～103

中国港口指南　　　C103～105

(三) 现有船存海图有效性的检验

其检验海图的有效性的方法与英版相同。

资讯五　英版《世界大洋航路》

英版《世界大洋航路》在英版航海出版物中编号为 NP 136,是在全球范围内设计世界大洋航线的主要参考资料。

一、内容简介

英版《世界大洋航路》全书内容可分为三大部分:前言、世界航路介绍、附录附表。

第一部分　前言

前言部分包括两部分内容:

(1) Explanation Notes,解释说明。

在解释说明中,对本资料中的相关内容进行了说明:

- 本资料必须参照最新的补篇和周版航海通告进行使用;
- 本资料中地理位置来源于相关的大比例尺海图;
- 本资料中物标名称来源于权威单位发布的信息;
- 方向和方位是以罗经真方位,以顺时针从 000 度至 360 度;
- 物标方位的表示船舶看向物标的真方位;
- 航向表示始终是参照大地表面的航向;
- 风向是以风吹来的方向进行描述;
- 潮流和洋流是以流去的方向进行描述;
- 距离是以纬度 1 度为 60 海里,而以 1 海里等于 10 链进行定义;
- 深度是从海图基准面起算至海底;
- 物标高度是以陆地物基面起算;
- 物标高度是以平均大潮高潮面起算;
- 高度深度单位分为米制和英制,海图分为米制图和英制图;
- 时间是以午夜为 0000 时开始至 2400 时,用四位数字表示。

(2) Abbreviations,缩略语。

本部分内容列出了本资料中相关的缩写与缩略语。

第二部分　大洋航路介绍

本部分共分十章,分别对世界大洋主要推荐航路从各方面进行了详细的介绍。

第一章至第七章,是对机动船的世界航路进行介绍。

第八章至第十章,是对帆船的世界航路进行介绍。

在前七章对机动船世界大洋航路的介绍中:第一章 Routing Plan 对世界大洋航路进行了总的论述,包括以下几个方面。

(1) 本资料中所推荐的航路为 Deep Sea Voyage,即深水航路,也即为大洋航路。

(2) 推荐的大洋航路适应的船舶:中等吃水,航速 15 节的机动船。中等吃水的含义为吃水小于 12 米。

(3) 介绍了设计大洋航线和进行大洋航行所需的最基本的航海图书资料,并给出了各资料的具体细节及索引,包括:

- 世界航路图 Routing Charts;
- 英版《灯标与雾号表》Admiralty of Lights and Fog Signals;
- 潮汐表 Admiralty Tide Tables;
- 英版《无线电信号表》Admiralty List of Radio Signals;
- 航海通讯表 Communications;
- 西北欧水域潮流图集;
- 英版《航路指南》Admiralty Sailing Directions;
- 电子版灯标表 Digital Lights List;
- 世界气象大势图(1月、7月);
- 世界大洋涌浪图(1月、7月、10月)。

从第二章至第七章,分不同的洋区对大洋推荐航路进行了全面的介绍。

第二章 北大西洋

第三章 南大西洋

第四章 加勒比海和墨西哥湾

第五章 地中海

第六章 印度洋

第七章 太平洋及相连海域

主要内容如下。

(1) 每一章,对每一个洋区的航路介绍编排内容相同,包括该洋区的航海状况和航行的自然条件、气象条件、气压场分布、风、流、浪、涌、冰、航行注意事项。

(2) 具体航线介绍。

(3) 航线标注:

- 推荐可用于往返的航线,以蓝色航线表示;
- 推荐用于东行或北行的航线以红色航线表示;
- 推荐用于西行或南行的航线以绿色航线表示;
- 航线上所标的数字,表示对资料中该航线进行文字介绍的章节;
- 航线上用字母表示的圆点,是该航线上的航路点,也即转向点。

第三部分 附录和附表

（1）附表。
- 蒲氏风级表。
- 季风、信风表。
- 热带气旋表。
- 世界标准时区图。
- 欧洲和北非标准时区。

（2）附录。
- 印度尼西亚群岛航路图。
- *Archipelagie*，*Sea Lanes*。
- 地名索引。
- 章节内容索引（可从索引中查找对某一章节内容的介绍）。
- 航路索引（以始发港第一个英文字母排序），如：教学标准航路：上海—圣弗朗西斯科（旧金山）（Shanghai—San Francisco）。

（3）使用方法即航路的查取。根据航次任务的始发港和目的港，查取相关推荐航路有以下两种方法。

① 根据始发港和目的港所在的洋区，在相关洋区内查取相关的推荐航路。

以上海至圣弗朗西斯科（旧金山）航路为例。

A. 上海港和旧金山均在太平洋洋区，且属北太平洋洋区内，因此，先在总目录中找到《太平洋及相连海域》，在第七章中，在第七章的目录中，查到北太平洋大洋航路—North Pacific Trans—Ocean Passage(7.272)—240. 即北太平洋大洋航路介绍在7.272节，位于第240页。

B. 或者直接将书翻到第七章所在页面第147页，在本章的General Information（总论）部分中，Chapter Coverage是对本章包含的航线索引，在其中找到—North Pacific Trans—Ocean Passage(7.272)—240。

C. 将书翻到第240页—North Pacific Trans-Ocean Passages。
在Coverage中，按序向下找到From Shanghai to North America(7.282)。

D. 找到7.282节—245页，是从上海到北美洲的主要航线介绍，然后找到圣弗朗西斯科(San Francisco)根据其中相关章节的内容，查取上海至圣弗朗西斯科航路的详细信息。

② 根据第三部分内容中附录附表中的《航路索引》（*Routing Index*），以始发港的第一个英文字母排序，查取相关航路。如从上海至圣弗朗西斯科。

A. 在Routing Index表中，按字母顺序找到上海(Shang Hai)，然后在上海栏目下，按目的港名字母排序，找到圣弗朗西斯科(San Francisco)。在圣弗朗西斯科的后面对应的是7.282，说明对本航线的介绍是在第7.282节。

B. 将书翻至7.282节，就是对上海至旧金山航线的介绍。

资讯六 《中国航路指南》

一、《中国航路指南》内容简介

(1) 中国航路指南编号以 A 表示,由北向南按海区顺序进行编排,共分三卷,分别为:

A101—黄、渤海海区。

A102—东海海区。

A103—南海海区。

(2) 每卷的内容分为三部分。

① 目录。

② 航路介绍。航路介绍是本书的主要内容。在该部分中,对该卷所含海区内,以章节的形式,又分区对相关航线进行了详细介绍。

③ 附录。附录中包括了中国政府相关的水上法规文件。

(3) 航路介绍的主要包括以下内容。

航路介绍部分中,将该卷所含的海区,又根据不同的地理区域划分为若干不同部分的小海区。然后,又根据划分的不同部分的小海区,以章节的形式,对小海区分区内的主要航段进行了多方面的更全面的详细介绍。

在三卷中国航路指南中,各卷内容的编排原则和编排内容都是相同的,在《航路介绍》中,第一章,是对该卷所含海区的总论,内容包括以下内容。

第一节,海区概述,对该海区内的自然地理状况进行了总的叙述。

第二节,气象概述,对该海区内的气候特点,气压场的分布、风、雾、降水、特殊天气状况等气象条件进行了总的叙述和描述。

第三节,水文概述,对该海区内的水文情况进行了总的描述,包括:海流、潮流、涌、浪、冰等。

第四节,航路概述,对该海区内的主要航路进行了详细的描述,包括在该海区内实施的分道通航制和船舶报告制度。

第五节,海港锚地概述,对该海区内的主要港口、海湾、港口锚地、港外可用的避风锚地进行了描述。

第六节,航标概述,对该海区内的助航航标进行了描述,包括航标种类、航标分布、航标简介、中国海区水上助航标志。

(4) 在之后的各章节中,是根据地理区域划分的不同部分的小海区进行航行状况和航行条件的详细描述,每一不同小海区的描述内容同样包括:概况、气象水文、助航标志、碍航物、水道航法、港湾锚地。

二、《中国航路指南》正确查阅

《中国航路指南》主要用于中国沿海的航线设计和实际航行中使用。使用的方法包括航区内航线的查取、航行状况和航行条件的详细介绍。

(1) 查取航线时,可根据航次任务中的出发港和目的港,根据每卷航路指南所包含的海区,查取所需的航路指南。

(2) 在相关的海路指南中,通过卷首目录,查到所经过的海区。

① 在每卷航路指南中,第一章第四节是航路概述,根据出发港和目的港,查取该海区内相关的主要长航线。然后,根据相关航线所在的页面,找到对该航线的具体介绍。如:查取大连到上海的航线。

② 因大连在黄海海域,所以选用航路指南第一卷——黄、渤海海区。

③ 在第一章第四节航路概述中,查取大连港至上海港——43 页。

④ 在第 43 页找到大连至上海的航线介绍。

(3) 如果要查取某一港口及附近海域的航行状况及航行条件,可在要查取的港口所在的小海区分区的海域范围内,即第二章以后的各章中查取,比如要查取烟台港及附近相关海域的情况。

① 因烟台港位于天津港与成山角之间,所以,可先查到第三章《天津港至成山角》。

② 因烟台港在蓬莱港与成山角之间,所以再在第三章第三节当中查到蓬莱头至成山角。

③ 然后,在蓬莱头至成山角一节中查取烟台港及附近海域的相关信息。

(4) 如果要查的航线范围超出了某一个海区所含的范围,则可根据要查航线所跨的海区,分别在不同的海区所在的航路指南中查取,然后,将在不同海区查取的结果连接在一起即可。

比如:查取青岛至湛江的航线。

① 因青岛在黄海海域,而湛江在南海海区,青岛至湛江的航线跨了三个海区,因此,需要的航路指南,包括 A101、A102、A103 三卷。

② 分别根据航线所经海区,在不同的航路指南所包含的海区内,查取本海区内的推荐航线。

即在 A101 卷中查取从青岛至长江口一段航线,在 A102 中,查取长江口至台湾海峡一段航线和在 A103 中,查取台湾海峡至湛江一段航线。

③ 将上述查取的三段航线连接在一起,就是一条完整的从青岛至湛江的计划航线。

资讯七 英版《灯标与雾号表》

英版《灯标与雾号表》按照所包含海域的不同,全球范围内其分 11 卷,每卷包含一个不同的海域,用英文字母 A—M 表示(不含字母 I),在英版航海出版物中编号分别为

NP74—NP85 中国海域包括在 F 卷中,F 卷所包含的海域范围为孟加拉湾和西北太平洋。

一、灯标的一般常识

(一) 灯标的作用

在航海上来讲,灯标的作用主要分两个方面。
(1) 供船舶定位。
(2) 供船舶航行中导航。

(二) 灯标的分类

从灯标结构上分类,可分为以下几种。
(1) 灯塔:固定土木结构,建在岸上或水中的岛屿、礁石上,结构坚固,射程远。用 Tower 或 House 表示。
(2) 灯桩:支架结构,建于岸上或水中,固定式,结构较坚固,射程一般小于灯塔,但远大于灯浮。
(3) 灯浮:建于水中,以锚链固定于水中,漂浮于水面,在恶劣气象条件下容易产生移位,灯光射程较小。
(4) 灯船:外形为船体形状的灯标,一般设在港口外航道上或河道中,一般外观为红色。灯船的灯光射程比灯浮远。

(三) 灯标的射程

英版灯标射程用光力射程(Luminous Range)或额定光力射程(Nominal Range)表示,分为以下两种。
(1) 光力射程:良好能见度(晴天黑夜)下的灯标灯光所能照射的最远距离。
(2) 额定光力射程:气象能见度为 10 海里时的灯标灯光所能照射的最远距离。

(四) 灯高的定义

灯标高度为从平均大潮高潮面算起至灯标灯芯的高度。在海图上及灯标表中,若无特殊说明即指灯标的高度。

二、英版《灯标与雾号表》内容简介

本资料内容根据内容,总体可分为三大部分:目录、相关杂项、灯标表正文。

(一) 目录(Contents)

目录是对本表所有内容的索引。

（二）相关杂项

（1）灯标地理能见距离表。

（2）英版灯标雾号表中所使用的缩写介绍。

（3）仅适合于本卷内容当中所使用的缩写。

（4）灯标摘要标注介绍，对灯标表正文当中的标注内容进行了说明。

（5）对灯标概念的相关解释，对灯标与雾号表中相关概念的解释。

（6）灯标灯质相关术语及性质的介绍，介绍了灯标灯光、灯质的特性及显示模式。

（7）本书中的相关术语介绍。

（8）对本卷中，相关国家的灯标性质的特别介绍。

（三）灯标雾号表正文内容

此部分为英版灯标雾号表的正文，也是主要内容。在本部分内容中，对该卷所含海域内的所有灯标，包括带有雾号的和没有带有雾号的灯塔、灯桩、灯浮进行了逐一的描述。对每一个灯标的描述包括以下8项内容。

（1）灯标的国际编号，全世界所有的灯标采取统一编号。

（2）灯标的地理位置名称，该灯标所在的地理位置名称（以最新版、最大比例尺的海图为准）。

（3）灯标的地理坐标位置，以经/纬度表示（以最新版、最大比例尺的海图为准）。

（4）灯标的特征、灯质（灯质为红、白、绿、黄）。

（5）灯标的高度，单位为米（从平均大潮高潮面算起至灯标灯芯的高度）。

（6）灯标的射程，单位为海里。射程大于15海里的为强光灯塔，以黑体字表示。

（7）灯标的结构及灯标本身的结构高度，由地面起算，至灯标的顶端高度，高度单位为米。

（8）备注和附记，对灯标的附加说明。

如青岛团岛灯塔描述如下：

(1)	(2)	(3)	(4)	(5)	(6)
3824	Tuan Dao	36°02′.8N 120°17′.0E	Oc WRG 15 s	24	15

(7)
White 8-sided brick tower black bands

(8)
R253-283(30) w283-184(261) G184-213(29) Reacon

意义：灯标统一国际编号 3824

灯标地理名称：Tuan Dao

灯标地理坐标：36°02′.8 N/ 120°17′.0E

灯标灯质：灯明暗，闪白、红、绿光，周期15秒

灯标高度：24米

灯标射程：15海里（黑体）

灯标结构:白色、八面、砖结构,塔式建筑,塔身上涂有黑色横纹
附加说明:闪白光弧从253~283度,红光弧283~184度,绿光弧184~213度,带有雷达应答信标。

三、灯标的正确查阅

对某一个具体灯标(灯塔)的查阅,有以下两种方法。

(1) 通过目录中灯标正文部分中的灯标地理目录索引,根据要查阅的灯标所在的地理区域进行查找,顺序依次为国家、海区与灯标名称。

如查阅团岛灯塔步骤如下:

① 先在目录中的《灯标》Lights 中找到中国(CHINA),灯标编号为3328,在中国条目下,由南向北排序。

② 以灯标编号3328,在灯标表正文中找到中国海—中国(CHINA SEA—CHINA),3328号灯标是中国海域第一个灯标,然后,从南向北排序。

③ 根据中国海域的排序,由南向北排序,继续找到团岛灯塔所在的海域—青岛港(QingDao)。

④ 在青岛港条目下,查取到团岛(Tuan Dao)灯塔的详细介绍。

(2) 通过灯标表正文后面的灯标索引查取(Index)。

如查阅团岛灯塔步骤如下:

① 在书尾总索引(Index)中,以灯标名称第一个英文字母为引数,按照字母顺序查找。先找到字母T。

② 在字母T条目下,查取到Tuan Dao,编号为3824。

③ 按灯标编号,在灯标表正文中查阅团岛灯塔的细节。

(3) 查取航线上所需的灯标雾号表可从下列资料中查阅。

① 英版《航海出版物目录》(Catalogue of Admiralty Charts and Publications)。

② 英版《世界大洋航路》(Admiralty Ocean Passage for the World)第一章——《出版物》。

资讯八 中国《航标表》

中国航标表是由中国人民解放军海军司令部航海保证部编制,对中国沿海的航标进行了介绍和描述。

中国对中国海域按地理位置,由南向北,按顺序进行编排,共分三卷,分别包含三个不同的海区,航标表以G为代码,编号分别为:

G101 黄、渤海海区。

G102 东海海区。

G103 南海海区。

一、内容简介

中国《航标表》共分三卷,每一卷的内容编排原则大致相同,每一卷皆对本卷所含海区的灯标及相关内容进行了描述。每一卷的内容基本上都包含8部分内容。

(1) 目录:为全卷内容的总目录,根据目录,可查取本航标中的相关内容。

(2) 说明:对本航标表内容进行了相关的说明,包括:

① 本航标表内灯标编号的编排顺序是由北向南,由东向西,由海上向港内。

② 航标的地理位置说明。

③ 航标灯光的说明。

④ 海区水上助航标志制度。

⑤ 灯船说明。

⑥ 其他相关说明。

上述相关说明与英版灯标表的说明和定义一致。

(3) 航标灯质图解,对灯标的灯质进行了文字上图示上的说明,此说明和定义与英版灯标表的说明和定义相一致。

(4)《中国海区水上助航标志国家标准简图》。对中国水上助航标志(侧面标、方位标、孤立危险标、安全水域标、专用标)以文字和图解的方式进行了说明。

(5) 本卷所含海区内的分区航标索引图,将本卷所含海区又进行了分区,在每一分区内,以图示的形式表述航标索引。

在索引图中,包含下列内容:

① 索引图上面是该索引图所含的海区范围。

② 索引图中标号范围表示的是本分区内所含灯标编号的范围。

③ 索引图中带箭头的曲线表示灯标排列及编号的顺序走向。

④ 索引图中某一地理名称旁边的点,为灯标的位置,实心圆点表示该灯标为灯塔或灯桩,为固定结构,空心圆点表示该灯标为灯浮或浮标,为水中的漂浮灯浮。

⑤ 索引图中,代表灯标的圆点旁边的数字,表示对该灯标进行文字描述的页码。

(6) 航标表。

将本卷所含海区又分为若干分区,以分区的形式对所含海区内的灯标进行了详细的描述。

对每一个灯标的描述分为8个内容,与英版灯标雾号表对灯标的描述相同。

① 灯标的全国统一编号,中国海域所有的灯标采取统一编号。

② 灯标的地理位置名称,该灯标所在的地理位置名称。

③ 灯标的地理坐标位置,以经/纬度表示。

④ 灯标的特征、灯质。

⑤ 灯标的高度为米。

⑥ 灯标的射程,单位为海里,射程大于15海里的为强光灯塔,以黑体字表示。

⑦ 灯标的结构及灯标本身的结构高度,由地面起算,至灯标顶端高度,高度单位为

米。

⑧ 备注和附记是对灯标的附加说明。

(7) 罗经校正标、测速标表。

以图示的形式,列出了本卷所含海区内的罗经校正场和测速场,并以文字形式,对相关罗经校正场内的罗经校正标和测速场内的测速标细节进行了描述。

① 图示内标明了校正场、测速场名称,导标的位置、方位、导标之间的距离等。

② 文字描述中分 4 个内容:

　　A. 导标名称。

　　B. 导标位置。

　　C. 导标构造。

　　D. 附记。

(8) 本卷所含海区内的无线电指向标定位系统分布图对每一个指向标发射台进行了描述。

注:现在无线电指向标定位系统已被淘汰。

二、对航标的查阅

对某一灯标的查阅方法有两种:

(1) 利用航标索引图查取。

① 根据要查取的航标的地理位置所在的海区,在该海区航标索引图中找到该航标。

② 根据图中所标该航标所在页码,在该页码中查取该航标的详细介绍。

③ 查阅团岛灯塔:因团岛灯塔在成山头至岚山头之间,所以先查到成山头至岚山头海区,在 XVⅡ 页。翻至第 XVⅡ 页,成山头至岚山头航标索引图中,找到团岛灯塔,在第 83 页,在第 83 页查阅团岛灯塔的详细介绍。

(2) 利用灯标表直接查阅。

① 根据要查阅的灯标地理位置所在海区,在灯标表中,查取该海区所在的页码。

② 在该海区所在页码中,查找要查阅的灯标。

③ 查阅团岛灯塔:团岛灯塔在鳌山头至岚山头之间,因此,从目录航标表中查找鳌山头至岚山头,在第 82 页。然后,在第 82 页鳌山头至岚山头海区内按顺序,在第 83 页查到团岛灯塔。

(3) 在航标索引图中,某些海区仅列出了主要的灯标,一些小的灯标,特别是浮标并没有在索引图中列出,查阅的方法是在索引中查取该浮标所在的海区在航标表中的页码,然后,再在航标表的该页码中查阅每一个航标。

(4) 用带有小数点的编号表示的航标,是说明此航标是后来新增加的。

三、对罗经校正场和测速场的查阅

对罗经校正场和测速场的查阅,可通过总目录进行:

(1) 在总目录中查到罗经校正标、测速标表。

(2) 在罗经校正标、测速标表中,查取要查阅的校正场和测速场所在页面。

(3) 在该页中,查阅相关导标的细节。

资讯九　英版《无线电信号表》

一、总述

随着航海事业的不断发展,特别是航海技术及航海设备的不断发展和更新,英版无线电信号表所包含的内容和编排方式也在不断地变化和更新。目前,出版和使用的英版无线电信号表根据所包含的不同内容的分类,共分 6 卷 12 本。出版物编号分别为 NP 281～NP 286。

(1) NP 281,2 本,VOL1、2。内容:全球无线电海岸电台。

(2) NP 282,1 本,内容:全球无线电助航标志、卫星导航系统、无线电定位系统、电子定位系统、世界标准时、法定时、无线电报时信号。

(3) NP 283,2 本,VOL1、2。内容:全球航海安全信息服务。

(4) NP 284,1 本,内容:全球气象服务。

(5) NP 285,1 本,内容:全球遇险和安全系统,即 GMDSS 系统。

(6) NP 286,5 本,VOL1、2、3、4、5。内容:全球水域及港口引水服务,船舶水上交通管理系统(VTS)、港口操作服务信息。

二、NP 282 内容简介

(Radio Aids to Navigation, Satellite Navigation Systems, Legal Time, Radio Time Signals and Electronic Position Fixing Systems)

全球无线电助航标志、卫星导航系统、无线电定位系统、电子定位系统、世界标准时、法定时、无线电报时信号。

(1) Contents 目录　列出了全书内容的总目录。

(2) General Informations 对本书涉及的相关内容总的介绍。

(3) Glossary 用于本书内的相关缩写及述语说明解释。

(4) Index of Geograpical Sections for Radio Aids to Navigation 无线电助航标志地理位置索引。

此索引包括 2 大部分,4 个内容:

第一部分:区域名称(Sections)以国家或地区名称列出。

第二部分:页码(Page Numbers)。

在第二部分页码中,又分三个内容:

① 无线电测向台(Radio Df Stations)(紧急情况下,可进行 VHF 服务的无线电测向台)。

② 可被要求的服务信息(Qtg Service)。

③ 雷达信标(Radar Beacons)。

第一部分每个区域所对应的第二部分中每项内容内的每项内容内所对应的数字为该内容所在页码。

第一部分中每个区域所对应的第二部分中每项内容内是空白时,表示该区域内没有该服务项目内容。

(5) *Radio Direction-Finding Stations* 无线电测向台。

对全球范围内用于甚高频(VHF)无线电测向系统的发射台进行了描述。

当前,全球无线电测向定位系统已经淘汰,此表列出的无线电测向台是在紧急情况下,可提供 VHF 服务。

(6) *Radar Beacons* 雷达信标。

对全球用于航海的雷达信标进行了描述。

(7) *Satellite Navigation Syhstems* 卫星导航系统。

对全球卫星导航系统相关内容进行了介绍和描述。

(8) *Standard Times* 世界标准时。

对世界标准时的定义进行了说明,并对日界线的划分进行了描述,同时,以图表的形式描述了世界各国和地区所使用的标准时区。

(9) *Legal Time* 法定时。

对世界各国和地区所使用的法定工作时间进行了描述,主要是对世界各国所使用的夏令时进行了描述。

(10) *Universal Time* 协调世界时。

协调世界时(UTC),在时间上等同世界时(GMT),但对由于地球的运行所引起的时间误差的修正方法与世界时不同,相对世界时来说更准确,主要用于无线电通讯、卫星系统及航天系统中。本部分内容等对世界协调时进行了描述,并对无线电报时信号进行了相应的描述。

(11) *Radio Time Signal* 无线电时间报时信号表。

按国家和地区的地理区域,对全球无线电报时信号台进行了描述。

(12) *Electronic Position Fixing System*:Loran-C(劳兰-C 电子定位系统)。

对全球劳兰-C 电子定位系统进行了描述(现该系统已被淘汰)。

(13) *Index of Radio Direction-Finding Stations* 无线电广播电台索引。

按无线电广播台站名称第一个英文字母的排序,列出了全球 VHF 无线电广播电台总索引,可以按字母顺序查阅某一电台描述。

索引中包括名称、种类与编号。

(14) *Index of Radar Beacon* 雷达信标索引。

按雷达信标的名称第一个英文字母的排序,列出了全球雷达信标总索引,可根据信标第一个字母排序,查阅某一雷达信标的描述。

索引中包括两个内容:名称、编号。

(15) *Index of Geographical Sections for Radio Time Signals*

按照无线电报时信号发射台所在国家名称的第一个英文字母排序,列出了全球具有无线电信号报时台的国家和地区。可在索引中查阅某一国家有无报时台,及查阅某一国家报时台所在的页面。

索引内容包括两部分:报时台所在的国家名称、所在页码。

(16) *Index of Sections Transitting Time Siganals* 发射无线电报时信号的电台索引。

按照无线电报时台名称第一个英文字母排序,列出了全球无线电报时台名称索引,可根据索引中提供的页面,查阅某一报时台的具体描述。

索引内容:名称、页码。

(17) *International Morse Code and Conventional Signals* 国际摩尔斯代码和规定信号索引。

列出了国际无线电摩尔斯代码和规定无线电信号代码。

三、NP282 正确使用

(1) 书中术语及缩写的查取。

在 Glossary(缩写及述语说明解释)中查取。

① 在目录中找到 Glossary,查阅该内容所在页码。

② 在该页码中查阅要查取的缩写或术语。

(2) 无线电测向台的查阅。

① 本无线电广播台站是专用于对甚高频无线电话系统(VHF)。

② 对无线电广播台站的查取有两种方法:通过《无线电助航标志地理区域索引》,即 *Index of Geographical Sections for Radio Aids to Navigation* 和《无线电广播台站名称索引》,即 *Index of Radio Direction-Finding Stations*。

③ 通过无线电助航标志地理区域索引,即 *Index of Geographical Sections for Radio Aids to Navigatio* 查阅。

④ 在总目录中找到本索引及所在页面,为 XXIII。

⑤ 然后在该索引中找到该台站所在的国家或地区。

⑥ 在该国家或地区对应的第二部分《页码》中,查取 Radio of Stations 所对应的页面。

⑦ 在该页面中找到要查阅的无线电台。

⑧ 通过书尾无线电台站名称索引,即 *Index of Radio Direction-Finding Stations* 查阅。

⑨ 该索引中包括以下 3 个内容:电台名称、电台种类、电台编号。

⑩ 根据要查阅的无线电台名称第一个英文字母,按英文字母排序,在索引中找到要查阅的电台名称。

⑪ 根据索引中给出的电台编号,在电台表,即 *Radio Direction-Finding Stations* 这一部分中查阅对该电台的描述。

⑫ 对无线电台站的描述。

对无线电台的描述内容包括以下几方面：

① 所在地区名称：国家或地区。

② 电台编号，在右上角。

③ 对该电台的说明。

④ 电台名称。

⑤ 电台性质及特征。

⑥ 工作时间。

⑦ 该电台地理位置，以经纬度表示。

（3）对雷达信标的查阅。

雷达信标，即 Radar Beacon，简称或标注为 RACON，基本上都是与灯塔、灯船、灯浮组合在一起，设置在该助航标志上，它定时向外发射不同的无线电视频信号，被雷达所接收，并在雷达显示屏上显示出来。雷达信标所发射的视频信号都是与摩尔斯码音频信号相同的视频信号。根据不同的设置，雷达信标所发射的视频信号有的仅能被 3 cm 波段的雷达所接收。有的则能够同时被 3 厘米和 10 厘米波段的雷达所接收。

查阅某一雷达信标的方法有两种：通过《无线电助航标志地理区域索引》，即 *Index of Geographical Sections for Radio Aids To Navigatio* 和《无线电广播台站名称索引》，即 *Index of Radio Direction-Finding Stations* 查阅。

（4）通过《无线电助航标志地理区域索引》，即 *Index of Geographical Sections for Radio Aids To Navigation* 查阅：

① 可在总目录中找到本索引及所在页码，为 XXIII。

② 然后在该索引中找到该雷达信标所在的地理区域—国家或地区。

③ 在该国家或地区对应的第二部分〈页码〉中，查取 Radar Beacon 所对应的页码。

④ 然后，再在该页面中找到想要查阅的雷达信标。

如要查长江口灯船：

① 长江口灯船的地理区域在中国，因此，在区域索引中找到中国(CHINA)，索引中对应的页码是第 76 页。

② 在第 76 页，《雷达信标》部分中，找到中国(CHINA)，然后，在中国区域内按顺序找到长江口灯船(Changjiang Kou Lt Vessel Racon)，可查阅对该雷达信标的详细描述

（5）通过书尾《雷达信标名称索引》即 *Index of Radar Beacon* 查阅。

如要查阅长江口灯船：

① 根据要查阅的雷达信标的名称第一个英文字母，在索引中按英文字母排序，在字母 C 中，查到长江口灯船(Changjiang Kou Lt V)。

② 根据该雷达信标索引中所标注的该雷达信标的国际编号，为 81820。

③ 然后在《雷达信标》正文部分，即 Radar Beacon 中，按该信标所在国家—CHINA 中，按编号找到 81820，即为长江口灯船信标。

雷达信标的描述内容：

雷达信标的正文部分即 Radar Beacon 的正文内容是按信标的国际编号顺序排序的,也是按国家和地区进行排序的。

对每一个雷达信标的描述包含如下内容

① 雷达信标的名称 第一行。

② 信标的地理坐标,以经纬度表示 第一行。

③ 信标的国际编号 第一行。

④ 对信标的说明,如 30 s 表示在低速扫描雷达上的扫描频率为 30 秒,没有进行标注的为快速扫描雷达。

⑤ 3 & 10 cm 表示在 3 cm 波段雷达和 10 cm 波段雷达上,皆可显示出信标信号,若没有任何标注,表示信标信号只能在 3 cm 波段的雷达上显示。

⑥ 360 表示该信标信号的发射范围是 360 度。

⑦ 15 n miles 表示该雷达信标信号在雷达上的可显示距离,15 n miles 为 15 海里。

⑧ 英文字母(A,K,Q,…)表示该信标发射的视频信号的类型为哪一个摩尔斯码

⑨ 1.5 n miles 跟在摩尔斯码字母后面,表示该视频信号在雷达屏幕上显示的长度。1.5 n miles 表示信号在雷达屏幕上的显示信号长度为 1.5 海里。

(6) 世界各国标准时的查阅。

在卷首总目录中,查取世界标准时(Standard Times)所在页码,为第 199 页;然后,在本卷 199 及后面相应页面中,查阅相关国家所在的标准时区。

(7) 世界各国法定工作时的查阅(主要是夏令时的查阅)。

查阅方法:

在总目录中查取法定时间 Legal Times 所在页面为第 202 页。

在本卷 202 页 Legal Time 部分,及后面相关页面中,按要查阅的国家名称第一个英文字母排序,查取要查阅的国家。

在要查阅的国家后面,是该国家或地区所使用的时间描述。时间描述的内容对时间描述的内容分为 3 部分,5 个内容:

① 第一部分为国家或地区名称(Territory)。

② 第二部分为该国家或地区对应的标准时区(Standard Time)。

③ 第三部分为该国或地区实施的夏令时介绍(Daylight Saving Time) 包括 3 个内容:

A. 实行夏令时以后所使用的标准时区。

B. 夏令时的开始时间(Begins)。

C. 夏令时的结束时间(Ends)。

(8) 无线电报时信号台的查阅。

无线电报时信号,使用的就是世界协调时。对无线电报时台的查阅,可用三种方式:总目录、地区索引表、报时台索引表。

利用总目录查阅:

① 在本卷首总目录中查取无线电报时信号,即 *Radio Time Signals* 所在页码,为

第 215 页。

② 在本卷第 215 页及后面的页面 *Radio Time Signals* 的内容中,按国家或地区的顺序,查取要查阅的报时台详细内容。

如要查中国的报时台:

① 先在总目录中,找到无线电报时信号台 Radio Time Signals,所在页面为第 215 页。

② 在第 215 页中查找到 Radio Time Signals 部分,并在该内容所属的后面的页面中继续找到中国(CHINA)。

③ 在中国 CHINA 标题下,有两个信号报时台:上海(SHANGHAI)、西安(XIAN)。

④ 查阅每个具体的要查阅的报时台详细信息。利用报时台地区索引,即 *Indes of Geographical Sections for Radio Time Signals* 查阅。

⑤ 首先从总目录中查取报时台地区索引所在的页码,其所在页码为第 264 页。

⑥ 在该索引中,根据所要查的国家或所要查阅的报时台所在的国家名称第一个字母排序,查取该国家或地区所在页码,索引的内容有 2 部分:国家或地区名称、所在页面。

⑦ 根据索引中所提供的页面,查阅该国家或地区内所包含的无线电报时台的详细描述,选其中之一使用,或查阅某一已选定要用的报时台细节。

如要查阅中国的报时台:

① 首先在总目录中找到报时台地区索引,即 *Indes of Geographical Sections for Radio Time Signals* 所在页面,为第 264 页。

② 在该索引中,根据地区名称字母排序,查找中国 CHINA 所在页码,其页码为第 219 页。

③ 在第 219 页中,查找中国 CHINA。

④ 在中国 CHINA 标题下,有两个信号报时台:上海(SHANGHAI)、西安(XIAN)。

⑤ 再查阅每个具体的要查阅的报时台详细信息。

利用报时台索引即 *Index of Stations Transmitting Time Signals* 查阅。

① 首先在总目录中查取报时台索引即 *Index of Stations Transmitting Time Signals* 所在页码,其页码为第 265 页。

② 在第 265 页的该索引中,根据要查阅的报时台名称字母排序,找到要查阅的报时台所在的页面。

③ 根据索引中所提供的页面,在该页面中查阅该报时台的详细描述。

如要查阅西安报时台:

① 首先在总目录中找到报时台索引即 *Index of Stations Transmitting Time Signals* 所在页面,为第 265 页。

② 在该页面中的索引中,按报时台名称第一个英文字母排序,查取西安 XIAN,所

在页面为第 219 页。

③ 在第 219 页查取西安 XIAN,查阅西安报时台的详细描述。

报时台描述的内容:

报时台信号表中,报时台的描述共 8 个内容:

① 报时台名称;

② 报时台无线电呼号;

③ 位置,以经纬度表示;

④ 工作频率编号;

⑤ 工作频率,单位为千周;

⑥ 工作方式;

⑦ 信号发射时间;

⑧ 工作系统。

如西安报时台中:

XIAN 报时台名称;

BPM 报时台呼号;

3500N 10931E 报时台地理位置;

A(B,C,…)工作频率编码;

2500 工作频率 2500 千周;

AIA A3E 工作方式

如 A 2500 AIA A3E 表示,本台 A 波段工作频率为 2 500 Hz,工作方式是 AIA 和 A3E。

Time of Transmmision 报时信号发射工作时间

如 A:0730～0100 表示 A 波段的工作时间是从 0730UTC～0100UTC。

无线电的使用时间均为协调世界时,即 UTC,等效于世界时,即 GMT。

资讯十　英版《航海通告》

《航海通告》是对航海资料进行修改的最新资料信息,是海图和航海出版物进行修改和更新的主要依据。

英版《航海通告》是对英版海图和英版航海出版物进行改正的最新资料和依据。

英版《航海通告》由英国海水道测量局出版,每周出版一期,称为周版《航海通告》,全年出版 52 期。此外每年还出版一本《航海通告年度摘要》。

一、英版航海通告的内容

英版航海通告分为封面部分和正文部分。

(一) 封面部分

封面部分包括三个内容：
(1) 标题栏、通告的全年出版期数排号、出版时间。
(2) 目录。
(3) 出版者对使用者的要求及出版者的联系方式。

(二) 正文部分

正文内容共分为六个部分：

第一部分 Ⅰ　*Explanatory Notes*, *Publications List* 说明，出版物。

第一部分中，包括两个内容：
(1) Explanations 说明　是对本通告中涉及的有关内容的解释说明。
(2) Publications List 出版物。

该部分中，列出了相关航海资料出版物的出版信息。包括海图和图书，供航海人员和航海资料的使用者及时了解航海出版物的最新出版动态和信息。

① 现用海图中新版海图的出版信息（Admiralty Charts and Publications Now Published and Available New Editions of Admiralty Charts and Publications）。

列出了新图和现有有效海图中，再版出版的海图信息，包括该图的图号、所含的地理范围、比例尺、图夹号，在《海图及航海出版物目录》中所在的页码。

② 即将出版的海图和图书资料 Admiralty Charts and Pulications To Be Published。本部分中，列出了即将出版的海图和航海图书资料，并注明了新图即将出版的时间各原有旧图作废的时间，提醒使用者对所使用的相关资料进行及时的购买和更换。

③ 永久性作废的海图信息（Admiralty Charts and Publications Permanently Withdrawn）列出了已经永久性作废的海图信息及替代原图的新海图的信息。

④ 即将作废的海图信息 Intention To Withdrawn Charts 列出了即将作废的海图信息。

⑤ IA 临时通告和预告（Temporary and Preliminary Notices），本节包括以下两部分内容。

A. 列出了对以前生效，但现已经失效并被删除的临时通告和预告。

B. 列出了对以前生效，现在继续有效的临时通告和预告。内容包括：
a. 通告号码。
b. 关系海图。
c. 海图所含地范围。
d. 海图所在海图夹。

第二部分 Ⅱ　*Admiralty Notices to Mariners*.*Updates to Standard Nautical Charts* 对标准航用海图的最新通告。

英版航海通告的第二部分是针对英版标准航用海图的通告信息，是海图使用者对海图进行修改和改正的主要依据。

本部分包括以下 4 部分内容。

（1）地区索引 *Geographical Index* 地区索引内容包括：地区编号、地区范围名称、该地区所在的海图夹号

通过此索引，可查取通告内容所在地区的海图夹号，从图夹中抽选要改正的海图。

（2）通告和海图夹索引 *Index of Nitices and Chart Folios* 通告和海图夹索引内容包括通告号、通告所在页面、通告内容所在的海图夹号。通过索引，可查取某通告内容在本通告中所在的页码及相关海图所在的海图夹号码，便于抽选海图。

（3）关系海图索引，*Index of Charts Affected* 内容包括海图号与通告号。通过索引，可以查取某张海图上需要进行改正的通告号，或者通过通告号查取需要改正的关系海图。

（4）航海通告内容，*Contents of Admiralty Notices To Mariners* 该部分是航海通告中对海图进行改正的主要内容，其作用是根据本部分的具体内容，按通告内容要求，对相关的海图进行具体的改正。

本部分内容包括：

① 通告号。

② 通告内容涉及的地区名称。

③ 通告内容的标题及内容提示。

④ 通告要改正的具体内容。

⑤ 此通告内容所涉及的有关海图号码。

注：通告号后面括号内带字母 T 者，表示该通告内容为临时通告，带 P 者，表示该通告内容为预告。

第三部分 Ⅲ *Reprints of Radio Navigational Warnings* 再版的无线电航海警告。

对于以前收到的无线电航海警告，对于已经失效的，以通告的形式进行通知书，对于继续有效的，以通告的形式，再版进行通知。

对此部分内容的处理方式，按通告要求进行剪切，将剪下的有关内容按地理区域进行粘贴以便根据需要随时查阅。

第四部分 Ⅳ *Amendments to Admiralty Sailing Directions* 英版航路指南补篇。

本部分内容是对英版航路指南的改正。

改正方法是将通告中的相关内容部分剪下，然后粘贴到通告中所述的航路指南中的相关页面的相关部分，以通告的内容代替指南中原文的相关内容。

第五部分 Ⅴ *Amendmets to Admiralty List of Lights and Fog Signals* 英版《灯标雾号表》的相关的改正内容。

本部分内容是对英版《灯标雾号表》的改正。

改正方法有以下两种。

（1）按通告内容对灯标雾号表相关部分进行文字改正。

(2)将通告补篇中相关内容剪下,粘贴于灯标信号表中相关条目上,用通告中的内容代替原有相关内容。

第六部分 Ⅵ Amendments To Admiralty List of Radio Signals 英版《无线电信号表》的改正内容。

改正方法是将通告中的相关内容部分剪下,然后粘贴到通告中所述的《无线电信号表》中的相关部分,以通告的内容代替原文中的相关内容。

二、英版《航海通告年度摘要》的内容

英版《航海通告年度摘要》的主要内容是对截至出版时,以前所发布并继续保持有效的临时航海通告和预告的公示。

资讯十一　中版《航海通告》

中版《航海通告》是由中国人民解放军海军司令部航海保证部出版编制,主要用于国内对中版海图和中版航海出版物的改正。中版航海通告包括以下四部分内容。

第一部分:图书消息、航海信息、索引。该部分中包括以下3个内容。

(1)图书消息,列出了新版、改版及有关航海图书的出版消息。通过本内容可查阅中版海图及图书的最新出版情况。

(2)航海信息,刊登有关水上交通方面的最新消息,如新的规定、规则及最新的与航海有关的相关信息。

(3)索引包括以下2个。

① 地理区域索引,列出了本期通告中所含通告内容所在的地理区域索引;

② 关系海图索引,列出了本期通告中所含通告内容所涉及的中版海图。

可从索引中查取某一张海图在本期通告中需要改正的通告内容,或者对某一通告内容需要进行改正的关系海图。

本索引方便于对海图卡片进行航海通告登记时使用。

第二部分:海图改正、临时通告及预告。该部分包含2个内容。

(1)航海通告对海图改正的内容,包括长期永久性通告、临时性通告和参考性通告。使用者据此通告内容,按要求对中版海图进行改正。

航海通告正文包括以下项目:

① 通告号码。

② 通告内容涉及的地理位置—海区—位置—通告内容标题。

③ 具体通告内容。

④ 通告内容涉及的相关海图。

⑤ 通告内容涉及的相关出版物。

⑥ 通告内容的信息来源。

(2) 仍然有效的临时通告目录索引。

列出了以前发布过的,并仍然有效的临时通告。

第三部分:航行警告。

本部分列出了以前历年通过无线电发布的,且仍然有效的无线电通告和最新发布的无线电通告。

第四部分:航标表改正附条。

本部分列出了对航标表进行改正的具体内容。

第五部分:《航路指南》改正的资料。

第六部分:除Ⅱ～Ⅴ项外的改正资料,上述几项有则发布,无则不刊登发布。

任务训练一 海图的使用

一、布置任务

请结合资讯内容的学习,综合运用所学知识,对以下问题进行分析解答:

(1) 海图从用途上可以分为几类,各是什么,并简述其作用。

(2) 海图按比例尺可以分为几类,各是什么,并简述其作用。

(3) 大圆海图的投影性质、特点、作用是什么?

(4) 大洋航路图共分哪几个洋区?

(5) 大洋航路图的投影性质是什么?

(6) 大洋航路图上有哪些主要内容?

二、任务解答

(1) 从海图用途上分类,海图可分为航用海图、专用图、参考图。

① 航用海图。

航用海图的投影方式是墨卡托投影,因此,也称为墨卡托海图,航用海图主要用于航线的设计、航线的绘画、航行当中的船舶定位和海图作业,是船舶必备的最基本的海图。

② 专用图。

具有某种特殊用途,如空白图、大圆海图、纬度渐长率图、磁差曲线图等。

③ 参考图。

对于航海的某些方面具有参考价值,用于航线设计或航行中的参考,如大洋航路图、航路指导图、载重线区域界线图、气象图等。

(2) 海图按比例尺可分为总图、航用图、沿岸图、港泊图。

(3) 大圆海图属专用海图。

① 大圆海图的投影性质是心射平面投影图。

② 大圆海图的特点:在大圆海图上,所有的大圆弧均为直线;经线为由极点向外辐射的直线,极点可能在图内,也可能不在图内;当切点位于赤道上时,经线为南北向互相平行

的直线;纬线为凸向赤道,而凹向近极的圆锥曲线,当切点位于两极时,纬线为以极为圆心的同心圆;赤道在图上为垂直于切点经线的直线;大圆海图的投影仅在切点处没有变形,随着切点距离的增加,变形将越来越大;在大圆图上可量取某点地理坐标的经、纬度,但不能量取航向和方位;在大圆图上不能量取距离,不能进行船舶定位和航迹绘算。

③ 大圆海图的用途:大圆海图的用途主要是绘制大圆航线、混合航线。

(4) 大洋航路图共分五个洋区,它们分别是:

5124(1)~(12)北大洋

5125(1)~(12)南大西洋

5126(1)~(12)印度洋

5127(1)~(12)北太平洋

5128(1)~(12)南太平洋

(5)《大洋航路图》的投影性质是墨卡托投影。

(6)《大洋航路图》上有推荐航线、洋流、风花、冰区界限、国际载重线区域界限、图中的附图(包括月平均气压场与平均气温图、当月雾与低能见度图、当月露点温度与海水温度图、当月热带风暴路径与 7 级以上大风分布图)。

任务训练二　英版《海图及航海出版物目录》的使用

一、布置任务

请结合资讯内容的学习,综合运用所学知识,对以下问题进行分析解答:

(1) 简述英版《海图及航海出版物目录》的编排内容。

(2) 简述英版《海图及航海出版物目录》的作用。

(3) 如何利用英版《海图及航海出版物目录》检验船存图书的有效性和适用性?

(4) 根据 2009 年英版《海图及航海出版物目录》检验海图 3480 是否适用并简述理由。

二、任务解答

(1) 英版《海图及航海出版物目录》的编排内容包括:

① 总记　　　　　　② 航用海图

③ 专用图　　　　　　④ 航海图书出版物

⑤ 英版数字产品　　　⑥ 其他产品与服务

⑦ 辅助产品、小船用图　⑧ 广告商一览表

⑨ 海图、图书编号索引　⑩ 价目表

(2) 英版《海图及航海出版物目录》的作用主要有三个:抽选航次所用的海图和航海图书资料、检验船舶现存海图的有效性、求购新的海图和航海图书资料的依据。

(3) 根据船上最新《海图及其他水道图书总目录》第九部分"航用海图、图书编号索引(Numerical Indexes)"与船存图、书的出版日期相对照,若二者一致,则说明该图、书

是有效和适用的,否则是过期作废的。

(4) 根据 2009 年英版《海图及航海出版物目录》Part9 部分查得海图 3480 的资料在 P78、P80,出版时间为 1985 年,所用海图 3480 出版时间为 1985,因此海图 3480 适用。

任务训练三　中版《航海图书目录》的使用

一、布置任务

请结合资讯内容的学习,综合运用所学知识,对以下问题进行分析解答:
(1) 简述中版《航海图书目录》共分几部分。
(2) 试查取"秦皇岛—青岛"航线所需的 1∶250000 的海图。
(3) 试查取"秦皇岛—上海"航线所需的《航路指南》及《航标表》。
(4) 试查取"大连—青岛"航线所需的《港口指南》及《潮汐表》。
(5) 根据 2007 年《航海图书目录》检验海图 15020 是否适用并简述理由。
(6) 根据 2007 年《航海图书目录》检验 A102 是否适用并简述理由。
(7) 根据中版《航海图书目录》抽取日照港的港口指南。

二、任务解答

(1) 中版《航海图书目录》的内容包括以下部分:
① 海图图号索引　　　　② 分区索引图
③ 中国海区及附近　　　④ 中国海区
⑤ 渔业图　　　　　　　⑥ 航海图书示意图
⑦ 海军航保部航海图书供应站分布图
⑧ 图书收费标准　　　　⑨ 通告改正登记表

(2) "秦皇岛—青岛"航线所需的 1∶250 000 的海图为 11700、11900、12100、12300。

(3) "秦皇岛—上海"航线所需的《航路指南》及《航标表》为 A101、A102、G101、G102。

(4) "大连—青岛"航线所需的《港口指南》及《潮汐表》为 C103、H101。

(5) 根据 2007 年《航海图书目录》12 页查得海图 15020 的出版日期为 2005 年 6 月。所使用的海图 15020 出版时间为 1996 年 10 月。因此,此海图已不适用。

(6) 根据 2007 年《航海图书目录》查得 A102 出版时间为 2006 年 8 月,所使用的 A102 出版时间为 2000 年,因此已不适用。

(7) 根据中版《航海图书目录》第六部分抽选 C103,再翻 C103 目录,得知日照港概况刊在 P170 页。

任务训练四　英版《世界大洋航路》的使用

一、布置任务

请结合资讯内容的学习,综合运用所学知识,对以下问题进行分析解答:
(1) 试述中等航速、中等吃水的含义。
(2) 利用英版《世界大洋航路》查阅上海至新加坡的推荐航线。
(3) 英版《世界大洋航路》中有很多航路设计图,每条航线上面都标有一定的数字,这些数字表示何意?
(4) 英版《世界大洋航路》中的推荐航线是什么航线?供何种船舶使用的?

二、任务解答

(1) 中等航速的条件:航速在 10~15 节;中等吃水的条件:吃水在 12 米以下。
(2) 利用《世界大洋航路》查阅上海至新加坡的推荐航线:根据起始港"Shanghai"~目的港"Singapore"查阅 NP136 后面的索引(P421),得知该推荐航线所在的章节是 7.92,根据第七章第 92 节,翻至所在页数(P168),便知其详细资料。
(3) 推荐航线上面都标有一定的数字,上面的数字表示该推荐航线所在的章节。
(4)《世界大洋航路》中的推荐航线是供中等航速、中等吃水的船舶使用的气候航线。

任务训练五　《中国航路指南》的使用

一、布置任务

请结合资讯内容的学习,综合运用所学知识,对以下问题进行分析解答:
(1)《中国航路指南》共分几卷,试述各卷的编号名称及涵括的海区。
(2) 简述《中国航路指南》各卷第一章的主要内容有哪些?
(3) 利用《中国航路指南》查取青岛—上海的推荐航线。
(4) 利用《中国航路指南》查取大连—青岛的推荐航线。
(5) 利用《中国航路指南》查取珠江口—新加坡的推荐航线。
(6) 利用《中国航路指南》查阅鸭绿江口—大连港的水文气象。
(7) 利用《中国航路指南》查阅长江口附近的水文气象。
(8) 利用《中国航路指南》查阅香港岛的水文气象。
(9) 利用《中国航路指南》查阅"成山角水域强制性船舶报告制"。

二、任务解答

(1)《中国航路指南》编号以 A 表示,由北向南按海区顺序进行编排,共分三卷,分别为 A101——黄、渤海海区;A102——东海海区;A103——南海海区。

(2)在三卷中国航路指南中,各卷内容的编排原则和编排内容都是相同的,在任何一卷的《航路介绍》中,第一章,是对该卷所含海区的总论,内容如下。

第一节《海区概述》对该海区内的自然地理状况进行了总的叙述。

第二节《气象概述》对该海区内的气候特点,气压场的分布、风、雾、降水、特殊天气状况等气象条件进行了总体的叙述和描述。

第三节《水文概述》对该海区内的水文情况进行了总的描述,包括:海流、潮流、涌、浪、冰等。

第四节《航路概述》对该海区内的主要航路进行了详细的描述,包括在该海区内实施的分道通航制和船舶报告制度。

第五节《海港锚地概述》对该海区内的主要港口、海湾、港口锚地、港外可用的避风锚地进行了描述。

第六节《航标概述》对该海区内的助航航标进行了描述,包括:航标种类、航标分布、航标简介、中国海区水上助航标志。

(3)根据 A101 的目录,查阅第一章第四节航路概述得知青岛港—上海港刊在第 46 页,翻至第 46 页,便知详细资料。

(4)根据 A101 的目录,查阅第一章第四节航路概述得知大连—青岛航线刊在第 43 页,翻至第 43 页,便知详细资料。

(5)根据 A103 的目录查阅第一章第四节航路概述,得知珠江口—新加坡的航线刊在第 44 页,翻至第 44 页,便知其详细资料。

(6)根据 A101 目录的第二章第一节,得知鸭绿江—大连港的水文气象刊在第 59 页,翻至第 59 页,便知其详细资料。

(7)根据 A102 目录的第二章第一节,得知长江口附近的水文气象刊在第 55 页,翻至第 55 页,便知其详细资料。

(8)根据 A103 目录的第三章第三节得知香港岛、大屿山附近的水文气象刊在第 81 页,翻至第 81 页,便知其详细资料。

(9)根据 A101 目录中的附录可查阅成山角水域强制性船舶报告制的有关规定刊于该书第 180 页,翻至第 180 便知其细节。

任务训练六　英版《灯标与雾号表》的使用

一、布置任务

请结合资讯内容的学习，综合运用所学知识，对以下问题进行分析解答。

（1）如何对英版《灯标雾号表》进行改正。

（2）利用英版《灯标雾号表》F 卷查阅成山头灯塔的详细资料。

（3）利用英版《灯标雾号表》F 卷查阅大沽灯塔的详细资料。

（4）利用英版《灯标雾号表》F 卷查阅花鸟山灯塔的详细资料。

（5）利用英版《灯标雾号表》F 卷查阅霍斯堡（Horsburgh）灯塔的详细资料。

二、任务解答

（1）根据《航海通告》第 V 部分的改正内容，剪条粘贴，注意改正时只粘贴编号部分，切勿覆盖原始资料。

（2）根据英版《海图及航海出版物目录》抽选 F 卷，再根据灯塔名称"Chengshanjiao Lt"查找该卷后面的索引，查取该灯塔的编号为 3864，翻至第 152 页，便知其细节。

（3）根据英版《海图及航海出版物目录》抽选 F 卷，再根据灯塔名称"Dagu Lt"查卷后索引，得知其编号为 3908，翻至第 154 页，便知其细节。

（4）根据英版《海图及航海出版物目录》抽选 F 卷，再根据灯塔名称"Hua Niao Shan"查卷后索引，得知其编号为 3746，翻至第 147 页，便知其细节。

（5）根据英版《海图及航海出版物目录》抽选 F 卷，再根据灯塔名称：（Horsburgh）查卷后索引得知其编号为 1820，翻至第 59 页，便知其细节。

任务训练七　中版《航标表》的使用

一、布置任务

请结合资讯内容的学习，综合运用所学知识，对以下问题进行分析解答：

（1）利用中版《航标表》查阅成山头灯塔的详细资料。

（2）利用中版《航标表》查阅朝连岛灯塔的详细资料。

（3）用中版《航标表》查阅佘山灯塔的详细资料。

（4）利用中版《航标表》查阅横栏岛灯塔的详细资料。

（5）利用中版《航标表》主要有哪些内容编排？

(6) 如何利用相关的资料改正《航标表》?
(7) 利用中版《航标表》查阅大小三山岛罗经场、测速场的资料。
(8) 利用中版《航标表》查阅厦门罗经场、测速场的资料。
(9) 利用中版《航标表》查阅海口测速场的资料。
(10) 利用《航标表》查阅成山角无线电指向标的资料。
(11) 利用《航标表》查阅定海无线电指向标的资料。
(12) 利用《航标表》查阅三亚无线电指向标的资料。
(13) 利用《航标表》查取黄白咀船舶自动识别系统基站。

二、任务解答

(1) 根据中版《航海图书总目录》抽选 G101,再根据其名称"成山头灯塔"查找《航标表》前面的索引图,得知其细节在第 104 页。

(2) 根据中版《航海图书总目录》抽选 G101,再根据其名称"朝连岛灯塔"查找《航标表》前面的索引图,便知其详细资料刊在第 112 页。

(3) 根据中版《航海图书总目录》抽选 G102,再根据其名称"佘山灯塔"查找《航标表》前面的索引图,得知其详细资料刊在第 17~19 页。

(4) 根据中版《航海图书总目录》抽选 G103,再根据灯塔其名称"横栏岛灯塔"查找《航标表》前面的索引图,得知其详细资料刊在第 166 页。

(5) 中版《航标表》主要内容编排有三部分:① 航标表;② 罗经场、测速场;③ 无线电指向标和船舶自动识别系统基站。

(6) 根据中版《航海通告》第四部分相关的改正资料、剪条粘贴在相应的卷别、相应的部位上。注意,在改正时仅粘贴在航标的编号处,切勿覆盖原始资料。

(7) 根据 G101 目录的第二部分查知大小三山测速场的详细资料刊在第 131 页。

(8) 根据 G102 目录的第二部分,查知厦门测速场的详细资料刊在第 230 页。

(9) 根据 G103 目录的第二部分,查知海口测速场的详细资料刊在第 203 页。

(10) 根据 G101 目录的第三部分,查知成山头无线电指向标的详细资料刊在第 146 页。

(11) 根据 G102 目录的第三部分,查知定海无线电指向标的详细资料刊在第 237 页。

(12) 根据 G103 目录的第三部分,查知三亚无线电指向标的详细资料刊在第 209 页。

(13) 根据 G101 目录的第三部分,翻至第 149 页便可查阅黄白咀船舶自动识别系统基站的详细资料。

任务训练八　英版《无线电信号表》的使用

一、布置任务

请结合资讯内容的学习,综合运用所学知识,对以下问题进行分析解答:
(1) 利用英版《无线电信号表》第二卷查取成山头无线电指向标的资料。
(2) 利用英版《无线电信号表》第二卷查取镆铘岛无线电指向标的资料。
(3) 利用英版《无线电信号表》第二卷查取长江口灯船的工作细节。
(4) 利用英版《无线电信号表》第二卷查取团岛灯塔的工作细节。
(5) 利用英版《无线电信号表》第二卷查取鸡骨礁雷达航标的工作细节。
(6) 利用英版《无线电信号表》第二卷查阅中国的法定时(标准时)。
(7) 利用英版《无线电信号表》查阅澳大利亚的法定时。
(8) 利用英版《无线电信号表》查阅香港时号台的工作细节。
(9) 利用英版《无线电信号表》查阅上海时号台的工作细节。
(10) 利用英版《无线电信号表》第六卷查取上海港"引航服务和港口作业"的有关资料。
(11) 利用英版《无线电信号表》第六卷查取 大连港"引航服务和港口作业"的有关资料。
(12) 利用英版《无线电信号表》第六卷查取香港"引航服务和港口作业"的有关资料。

二、任务解答

(1) 根据 NP282 目录翻至第 348 页索引,再根据"Chen Shan Jiao"名称查取其编号为 2427,翻到所在的页码(P74),便知其细节。

(2) 根据 NP282 目录,翻至第 348 页索引,再根据"Dong Nan Gao Jiao"名称查取其编号为 2425,翻到所在的页码(P73),便知其细节。

(3) 根据 NP282 目录,翻至第 357 页索引,再根据名称"Chang jiang kou Ltv"查取其编号为 8187,翻到所在的页码(P222),便知其细节。

(4) 根据 NP282 目录,翻至第 357 页索引,再根据名称"Tuan Dao Zui Lt"查取其编号为 8210,翻到所在的页码(P223),便知其细节。

(5) 根据 NP282 目录,翻至第 357 页索引,再根据名称"Ji Gu jiao Lt"查取其编号为 8193,翻到所在的页码(P223),便知其细节。

(6) 根据 NP282 目录翻至第 272 页,再根据国家名称"China"查取中国标准时为-8h。

(7) 根据 NP282 目录翻至第 272 页,再根据国家名称"Australia"查取西部为-8h。

(8) 根据 NP282 目录,翻至第 339 页,再根据台名"Hongkong"查取其编号为 3300。

(9) 根据 NP282 目录,翻至第 339 页,再根据台名"Shanghai"查取其编号为 3395,翻到所在的页数(P304),便知其细节。

(10) 根据 NP286(4)目录,翻至第 306 页索引,再根据国名查找港名"C→China→Shanghai",所在的页数为第 95 页,翻至第 95 页便知其细节。

(11) 根据 NP286(4)目录,翻至第 306 页索引,再根据国名查找港名"C→China→Dalian Wan",所在的页数为第 72 页,翻至第 72 页便知其细节。

(12) 根据 NP286(4)目录,翻至第 306 页索引,再根据国名查找港名"C→China→Hongkong",所在的页数为第 80 页,翻至第 80 页便知其细节。

任务训练九　英版《航海通告》的使用

一、布置任务

请结合资讯内容的学习,综合运用所学知识,对以下问题进行分析解答。
(1) 试述英版《航海通告》的内容编排。
(2) 试述每一则航海通告的内容编排。
(3) 试述英版月末版《航海通告》中除周版的内容外,还刊有哪些内容。
(4) 试述英版季末版《航海通告》中除周版的内容外,还刊有哪些内容。
(5) 英版《航路指南》和英版《世界大洋航路》的改正资料刊在英版《航海通告》的第几部分。
(6) 如何利用相关的资料改正英版《航路指南》和《世界大洋航路》。
(7) 如何对英版《灯标雾号表》进行改正?

二、任务解答

(1) 英版《航海通告》的内容编排为:
① 索引　　② 航海通告　　③ 航行警告
④《航路指南》的改正资料
⑤《灯标雾号表》的改正资料
⑥《无线电信号表》的改正资料
(2) 每一则航海通告的内容编排:
① 通告号　　　　　　　② 标题栏
③ 通告正文内容　　　　④ 资料来源
(3) 除周版《航海通告》内容外,还刊载了"临时性通告和预告每月的汇编"。
(4) 除周版《航海通告》内容外,还刊载了"季度版航海图书一览表"。
(5) 英版《航路指南》和《世界大洋航路》的改正资料刊在英版《航海通告》的第Ⅳ部分。
(6) 根据改正资料中提到的卷名,卷别及改正页数在相应的英版《航路指南》或英版

《世界大洋航路》中找到应改正的部分,在该部分中用铅笔加注:"C/NM××"表明该资料已由××期通告改正。对于来自补篇的资料,可在改正内容附近加注:"C/S××"表示该资料已由××期补篇改正。

(7) 根据英版《航海通告》第Ⅴ部分的改正内容,剪条粘贴,注意改正时只粘贴编号部分,切勿覆盖原始资料。

任务训练十 中版《航海通告》的使用

一、布置任务

请结合资讯内容的学习,综合运用所学知识,对以下问题进行分析解答:
(1) 试述中版《航海通告》的内容编排。
(2) 如何利用相关的资料改正《航标表》。
(3) 如何利用中版《航海通告》对中版《航海图书总目录》进行改正。
(4)《航海通告》中 Chart:22154(2)[95—698]图号后圆括号内的数字表示何意。
(5)《航海通告》中 Chart:22154(2)[95—698]图号后方括号内的数字表示何意。

二、任务解答

(1) 中版《航海通告》的内容编排为:
① 索引　　　② 航海通告　　　③ 航行警告
④《航标表》的改正资料
⑤《航路指南》及其他资料的改正
⑥ 除了Ⅱ～Ⅴ项以外的其他资料的改正

(2) 根据中版《航海通告》第四部分相关的改正资料、剪条粘贴在相应的卷别、相应的部位上。注意,在改正时仅粘贴航标的编号处,切勿覆盖原始资料。

(3) 为使中版《航海图书目录》上的资料保持最新,需用中版《航海通告》的第二部分内容进行及时改正。图书资料一般没有永久性作废的情况,旧资料作废的同时伴随着新资料的出版,如需改正,可根据《通告》Ⅱ部分内容,查找中版《航海图书目录》的"书、表(簿)"顺号目录上用红色水笔改正。无论如何改正,之后都要填入中版《航海图书目录》的"改正登记表",进行改正登记。

(4) 图号后圆括号内的数字表示该图本次应改正的项数。
(5) 图号后方括号内的数字表示该图上次已改正的项数。

任务三 航线设计

完成本任务学习后,学生能够熟知在纸海图上设计航线的分类;掌握各种航线的设计方法;能够熟练掌握航线设计的步骤;达到根据航次任务,按照所经海区抽选相关海图、抽选相关的航海资料,根据航海通告对航次所用海图和航海资料进行改正、绘画航线、填写航次计划报告表。学生能够熟悉在电子海图上航线设计的两种方法,即表格编辑和图形编辑;理解航线设计是航次计划的前提以及航次计划的作用;理解在电子海图上,航线设计的简单、快速、安全有效及设计好的航线可以重复使用的原理;掌握航线设计的基本方法、航次计划的编制及管理;达到正确设计航线、检验航线、编制航次计划及计划的管理。

资讯一 航线设计(纸质海图)

船舶在海上航行,无论航程长短、航时多少,都必须按照预先设计的计划航线航行。航线根据分类的方式不同,可有多种分类方法。

一、航线种类

(一)按航行区域及航程长短分类

按船舶航行的区域和航程的长短,航线可分为大洋航线、近海航线和沿海航线。

1. 大洋航线

大洋航线既可以横跨几个洋区,比如中国至欧洲航线;也可以是在同一大洋范围之内,比如东亚至北美西海岸港口。大洋航线的特点是航程长、航行时间长、气象条件复杂多变,但航行环境较单一。

在大洋航线中,按照航行方法的不同,又可分为恒向线航线、大圆航线、等纬圈航线、混合航线。

2. 近海航线

近海航线短于大洋航线,航行时间较短,比如中国至东南亚各国之间的航线。航行环境较大洋航线复杂,通航密度大于大洋航线。

3. 沿海航线

沿海航线一般是指沿海岸线航行的航线。沿海航线的特点是航程短、气象情况比较单一、距岸近,便于多种方式定位;但航行环境相对复杂,通航密度大,航行障碍物多、渔船多,船舶发生各种航行安全事故的几率大。

(二) 按航线的制定方式分类

从航线的制定方式上,航线可分为气象航线和气候航线。

1. 气象航线

气象航线,也叫气象导航航线,简称气导航线,是由气象导航部门根据对船舶所预定的航区,通过对近期一段时间内气象资料的分析,掌握气象的变化趋势,给船方的一条推荐航线。目前提供这种气象航线的国家有英国、美国、中国和日本。使用最多的机构是美国圣弗朗西斯科气象导航公司。

气象航线由船公司或船舶直接向气象导航公司提出申请,提供相关船舶资料,并据情提出对航线条件的要求,然后,气象导航公司会在船舶开航前,给船舶一份指导电报,内容包括最近一段时间内的气象分析,根据船舶对航线条件的要求,提供一条推荐航线,航线内容包括航法(恒向线还是大圆航线或混合航线)、转向点、以后几天内航线上具体的气象和海况预报资料等。

船舶开航后,气象导航公司会对船舶进行全程监控,在航线前方将要出现影响船舶安全航行的气象因素时,气导公司会及时通知船舶改变航线,并提出新的推荐航线。

对气象航线的绘画,只要根据气导公司指导电报上的推荐航线进行绘画即可。

2. 气候航线

除了气象导航公司推荐的气象航线外,无论是长航线还是短航线,船舶根据相关资料中的推荐航线或根据本身经验自行设计的航线均为气候航线。

(三) 按航行方法分类

从船舶具体航行方法上分类,航线可分为恒向线、大圆航线、等纬圈航线、混合航线。上述航线中,除恒向线航线既用于大洋航线,也用于近海和沿海航线外,其余大圆航线、等纬圈航线和混合航线皆用于大洋航线。因为近海和沿岸航行中航程太短,恒向线与大圆航线的航程相差很小,所以使用这些航行方法没有实际意义。

1. 恒向线航线 Rhumb Line(RL)

(1) 恒向线的定义。

恒向线航线指始终保持一个航向,固定不变的航线。恒向线与所有的子午线夹角相等,因此,恒向线也称为子午线等角航线。

(2) 恒向线的特点。

恒向线在航用海图上表现为一条连接两地理坐标之间的直线。

恒向线不是地球表面上两点间的最短距离,恒向线的距离大于地球表面上两点之间的大圆航线距离。

恒向线在地球表面上表现为一条趋向地极,但却永远到达不了地极的螺旋线。

(3) 恒向线的绘画方法。

恒向线的绘画方法是在航用海图上,在两个地理坐标之间用直线连接,这条直线就是两点间的恒向线。

恒向线航行是航海的最基本的航行方法,航用海图上所有的航线都是恒向线。

2. 大圆航线 Great Circle Route(GC)

(1) 大圆航线的定义。

大圆航线在地球表面上各航路点间的最短连线;即地球表面二点与球心构成的平面与地球表面。

(2) 大圆航线的特点。

① 根据几何原理可知,大圆航线是地球上任意两点间距离最短的航线。

② 大圆航线在大圆海图上表现为连接两点间的一条直线,在航用海图上,表现为连续两点间凸向近极的一条曲线;在地球上是连接两点间的一段大圆弧。

③ 由于大圆航线是一段大圆弧,是一条曲线而不是一条直线。所以,大圆航线的航向并不是一个不变的固定航向,而是一个每时每刻都在随时改变的变动航向。

④ 由于航行中每时每刻都要随时改变航向,给船舶的航行带来了极大的不便、也就是说,在没有 GPS 定位系统之前,这样的航行方式几乎是不可能的,所以,在实际航行中,大圆航线的实施是通过近似的方式,将大圆航线进行适当的分段,然后在各分段内,以恒向线的航行方式,近似地完成大圆航行。某一分段内的恒向线航向即是大圆航经在该分段起始点的切线方向。

⑤ 大圆航线航行中,船舶航行的轨迹实际上就是该大圆航线的外切多边形。根据几何原理,外切多边形边数越多,越接近内切圆的圆周。也就是说,在大圆航行中,分段越多,转向越频繁,船舶的实际航行轨迹越接近设计中的大圆航线。

⑥ 大圆航线适用于东西方向、高纬度、长距离大洋航线,因为东西走向越明显,航区纬度越高,距离越长,大圆航线与恒向线之间的距离差别越大。

在低纬度或接近南北方向航行时,恒向线已基本接近于大圆航线,两者之间的距离差别不大。走大圆航线并没有什么实际意义。

(3) 大圆航线的设计方法。

① 利用无线电大圆改正量计算、设计大圆航线。

② 利用天体高度方位表计算、设计大圆航线。

③ 利用大圆海图设计大圆航线。

④ 利用 GPS 定位仪设计大圆航线,并进行大圆航行。

(4) 利用无线电大圆改正量计算、设计大圆航线。

(5) 利用天体高度方位表计算、设计大圆航线。

(6) 利用大圆海图设计大圆航线。

利用大圆海图设计大圆航线是最常用的一种方法,也是最简单的一种方法。利用大圆海图设计大圆航线可按如下步骤进行。

① 在相应的大圆海图上,取预定的大圆航线的起始点和结束点。

② 用直线将预先设计好的起始点和结束点连接。此直线即为设计的计划大圆航线。

③ 按分段原则进行分段,记下每个分点的地理坐标经纬度。

④ 将每个分点按经、纬度逐一转移到抽选出的相应的航用图总图上。并在每一个分点上按要求注标上该点的经、纬度。

⑤ 在航用图总图上将每一个分点用直线连接,并量取每两个分点之间的航向和距离。这样,在总图上,一条计划大圆航线便设计绘画成功。

⑥ 将总图上的航线按要求逐一转移到航行分图上。并按航线设计的要求进行标注。

(7) 大圆航线的分段原则和分段方法。

如前所述,由于大圆航线的航向是每时每刻都在改变的,因此大与航线的实际航行中是将大圆航线分段,然后以恒向线的航行方式完成的。(现在,用 GPS 航行可以不分段。)所以,对大圆航线进行适宜的分段是很有必要的。若分段过少,每一段的距离太长,则会使总航程增加。若分段过多,每一段距离过短,则转向过于频繁,给航行带来诸多麻烦。

综合各方面的因素考虑,分段原则一般为每隔 5~10 个经度作为一个分点,或者用航行一昼夜的距离作为一个分点。实际上,5~10 个经度之间的距离一般与中速船一昼夜的航程差不多,这样第二天转向一次。

各分点所选的经度一般选在经度整度数上。

(8) 利用 GPS 定位仪进行大圆航线设计和航行。

随着航海设备的不断不发展,GPS 定位系统的出现和广泛使用,对于使用大圆航线也更加方便和快捷。利用 GPS 定位仪可以直接设计并进行大圆航行。其方法是在任何一个想要进行大圆航行的一点,将起始点与结束点输入 GPS,开启航行模式置于大圆航行,则定位仪上显示的计划航向即为大圆航向。船舶可按此航向航行。当航行一段距离后,计划航向会发生改变,显示新的计划航向。此时进行转向,再按新的计划航向航行,以此类推。若认为这样转向过于频繁,则可根据情况,在实际航向与显示的计划航向之间,每相差一个固定的度数改变一次航向。同时,在海图上也进行相应的变化。

3. 等纬圈航线 Parallel Route

当航线的出发点与到达点位于同一纬度时,船舶的航行将始终保持在同一纬度线上。这样的航线称为等纬圈航行。

等纬圈航线在墨卡托海图上表现为一条东西方向的直线,航线的航向为 090 度或 270 度。在地球表面上表现为一条东西方向的小圆弧。等纬圈航线是恒向线的一种特例。

等纬圈航线一般用于大圆航行中有纬度限制时,与大圆航线共同组成混合航线。

4. 混合航线 Composite Track

所谓混合航线,简单的说,就是由大圆航线和限制纬度上的等纬圈航线相结合而成的大洋航线。

大圆航线的适用范围是中高纬度的大洋航行。但由于高纬度海区风浪太大,气象恶劣,或岛礁成群,对船舶的安全航行构成威胁。为了避开高纬度海区的恶劣气象及海况或危险的岛礁区域,往往要求航线不超过某一限制纬度,在这种情况下,采用的由大圆航线和某一限制纬度上的等纬圈航线相结合的最短距离的航线即称为混合航线。

混合航线的绘画:

如大圆航线的绘画一样,混合航线的设计与绘画有多种方法,其中最简单的方法是利用大圆海图。

（1）在大圆海图上,首先确定第一个大圆航线的起点 A,然后确定限制纬度 $\varPhi$,并在限制纬度 $\varPhi$ 上确定第一个大圆航线结束点 B。

（2）在限制纬度 $\varPhi$ 上再选择第二个大圆航线起点 C,并在适当的位置确定第二个大圆航线的结束点 D。

（3）大圆图上,用直线连接 A 点和 B 点,C 点和 D 点。

（4）大圆图上的直线 AB 和直线 CD 就是前后两段大圆航线,而限制纬度线 $\varPhi$ 上,B、C 之间的圆弧,就是两大圆线之间的等纬度航线。这样,大圆航线 AB 和 CD 以及等纬航线 BC 就组成了一条混合航线。

（5）然后,按照大圆航线在航用图上的绘画方法,将混合航线转移到航用图上。

（6）注意的是,混合航线中的等纬度航线实际上是条恒向线,所以在航用图上不需要分点。

二、航线设计的步骤

无论是大洋航线还是近海航线,在航线设计时,总体上可遵照如下步骤:根据航次任务,按照所经海区抽选相关海图、抽选相关的航海资料;根据航海通告对航次所用海图和航海资料进行改正、绘画航线、填写航次计划报告表。

（一）抽选海图

根据航次任务,抽选航次中所用全部相关的海图是航线设计的首要工作。

航次所用海图的抽选,可遵照下列原则。

1. 根据航次任务,确定由起航港至目的港大体航线所要航经的海区

如有多条航线可供选择时,首先确定要选用的航线所经海区。如:中国至南非好望角航线,可供选择的最基本航线有两条,一条为经新加坡-马六甲海峡,另一条为经印度尼西亚的巽他海峡。在此情况下,首先确定走哪条航线,经过哪个海区。

2. 抽选航用海图 Nautical Charts

利用最新的《航海图书总目录》,根据航次预定的所经海区,按需依次抽取航用图,包括总图,航行图、沿岸图和港泊图。

航用图用于进行设计和绘画航线,并在航行中进行海图作业。

以英版海图为例,在最新版,或经航海通告改正至最新的英版《海图及航海出版物目录》中。

(1) 在第二部分 PART 2 A 中,根据航次任务,抽选航行计划图(Planning Charts),根据始发港和目的港,确定航线的大体走向和所经海区。(也可用于绘画具体的航线,但比例尺太小。)

(2) 在第二部分 PART 2 A 中,根据航线大体走向,抽选大洋总图,大洋总图作为总图使用,用于设计和绘画大洋计划航线。

(3) 或者在第二部分 PART 2 A1 中选择适当小比例尺海图(1:3 500 000)作为总图使用,用于大洋和近海航线的设计和绘画。

(4) 在第一部分 PART 1 海图索引分区(Limits of Admirlty Chart Indexes)中根据上述 2.1 中确定的航线走向所经海区,查取以字母代表的所经航行区域。

(5) 根据 2.4 中所查取的航线所经区域,在第二部分 PART 2 B 及以后的相关部分中,根据航行安全需要,抽选航线所用的相关比例尺的航行图、沿岸图和港泊图。航行图、沿岸图用于船舶航行中的海图作业,港泊图用于船舶抵港/离港、锚泊、靠/离泊等需要大比例尺海图时使用。

3. 抽选大洋航路图 Routing Chart。

在《英版海图与图书总目录》第三部分 PART 3 Routing Charts 中,根据航区和航行的时间,抽选相关的大洋航路图(Routing Chart)。

大洋航路图可作为航线设计时对各种资料如推荐航线、气象、洋流、雾、冰、载重线等进行参考,也可作为总图在上面设计计划航线,同是也可作为实际航行中对各种相关资料的参考与验证。

4. 抽选大圆海图 Gnomonic Charts。

根据航线是否走大圆航线,在英版《海图及航海图书总目录》第三部分 PART 3 Gnomovic Chart 中,抽选相关的大圆海图。

大圆海图用于设计大圆航线和混合航线。

5. 抽选空白定位图 Plotting Sheet。

在英版《海图及航海出版物目录》第三部分 PART 3 Plotting Diagrams -Sheets 中,按需要抽选相应纬度上的空白海图。

空白海图用于在船舶在大洋上航行时,在没有航行图的情况下,作为船舶定位和航迹推算等海图作业。空白海图必须与总图结合使用。

(二) 抽选相关的航海资料

以英版航海资料为例,利用英版《海图及航海出版物目录》抽选航次需要相关航海资料。

1. 抽选英版灯标与雾号表 Admiralty List of Lights and Fog Signals

在英版《海图及航海出版物目录》第四部分 PART 4 Nautical Publications(航海出

版物)中的 Admiralty List of Lights and Fog Signals 中,根据航线所经海区,抽选所经海区的英版《灯标与雾号表》。

《灯标与雾号表》中的助航标志,可用于近海和沿岸航线设计和绘画时对海图资料的补充,同时作为航行中船舶利用助航标志定位时对助航标志的确认。

2. 抽选英版无线电信号表

在《英版海图和图书总目录》第四部分 PART 4 Nautical Publications(航海出版物)中的 Admiralty List of Radio Signals 中,根据航线所经海区,抽选所经海区内相关的英版无线电信号表 NP281~286 中的相关卷册。

无线电信号表各卷内容不同,各有所用,可作为对航线设计时的参考,同时,也可备妥后以便于航行中随时使用。

3. 抽选英版潮汐表

在《英版海图和图书总目录》第四部分 PART 4 Nautical Publications(航海出版物)的 Admiralty Tide Tables 中,根据航线所去港口,抽选所去港口所在海区的英版潮汐表。

潮汐表用于抵港时,及抵港后在港期间对潮汐资料的了解和使用。

4. 如有必要,备妥航海里程表

航海里程表用于查取两港间的里程,作为船舶燃料、伙食、淡水、等补给的计算基础。

(三) 对航用海图和航海资料进行改正

当根据航次任务,将航次所用航用海图和航海资料全部抽选完毕以后,根据航海通告,对航次中所用到的所有航用海图和航海资料进行完整、认真、仔细的改正是在航线设计中必须要做的一项十分重要的工作。对海图的改正,一定要按如下要求执行:

(1) 对海图及航海资料的改正工作,特别是对海图的改正工作,要求最好在具体航线设计绘画之前完成。

因为海图改正好以后设计和绘画的航线是在最新的海图资料下做出的,可防止出现航线画好后,又因海图的改正造成原来的航线不合适,必须重新设计和绘画的重复性工作。

(2) 对海图的改正一定要认真、细致、完整。所谓认真,就是要重视这项工作的重要性。海图改正是一项很繁琐,很枯燥麻烦的工作,但十分重要,因为这项工作直接关系着船舶的航行安全。因海图没有及时改正或改正不准确而造成的船毁人亡的海难事故屡见不鲜。

所谓仔细,是指要彻底弄清改正的内容,不要似是而非的改正;同时,改正要规范、清晰。

所谓完整,就是对航海通告的改正要保持连续性,中间不能有漏改;对通告中无论是永久性改正、临时改正,还是预告,都要认真、规范、仔细进行改正。改正后,按要求在海图的左下角按小改正栏中要求进行相关的登记。

(3) 通告中一个通告内容涉及到几张海图时,每张涉及到的海图,最起码本航次用图都要进行相关的改正,不管是总图还是分图。

(4) 通告中同一通告内容涉及到几张海图时,海图改正的顺序一般是先改正几张图中比例尺较大的,再改正比例尺较小的,若是同时涉及到总图和航行图时,先改正航行图,后改总图。

(5) 当一张海图上同时有几个改正内容时,先改正距离航线近的内容,改正距航线远的内容。

(6) 当航线设计绘画完成,船舶开航后,在航行途中,若收到无线电航行通告或警告,要随时进行新的改正,以确保船舶航行安全。

(7) 对通告中涉及的有关对航海资料的改正,也要按要求及时进行。

(四) 查阅、阅读、研究预定航线所经航区的相关资料

通过对预定航线所经海区的相关资料的查阅、阅读和研究,对预定航线上的基本航行条件有一个清楚的认识和比较全面的了解,这些航行条件包括:风、雾、冰、流、浪、涌、水道、水深、岛礁、助航标志、障碍物及危险航区、禁航区、船舶定线、报告制度等各种内容。以此作为下一步具体航线设计的参考和依据。

需要查阅和阅读的相关资料包括,但不限于以下几种。

(1) 《世界大洋航路》Admiralty Ocean Passage for the World。

(2) 英版《航路指南》Admiralty Sailing Directions。

(3) 英版《大洋航路图》Ocean Routing Charts。

(4) 英版《无线电信号表》相关各卷的相关内容,特别是有关船舶报告制度的相关内容和要求。详见 Admiralty List of Radio Signals(NP 281~286)

(5) IMO 出版的《船舶定线》Ship's Routing。

(6) 《灯标与雾号表》Admiralty List of Lights and Fog Signals(ALL)。

(五) 在海图上设计绘画航线

在以上各项工作的基础上,综合各种相关资料,结合本船实际情况,根据相关资料中的推荐航线,或者根据通常的习惯航线,结合本身的实际经验,设计出具体的航线,并绘画在相关航用海图上。

1. 具体航线的设计和绘画步骤。

具体航线的设计和绘画可分为以下两步:

(1) 先在航用海图的总图上(大洋航路图也可作为设计航线的总图使用)设计出总的计划航线,记录下全航线中的每一个转向点和每两点的真航向。

(2) 然后,将总图上设计出的计划航线,逐一移到航行用图的每张分图上。

2. 具体航线的设计和绘画方法

根据航线的类型,具体航线的设计和绘画有多种方法,可以灵活运用。

(1) 如果使用相关资料中的推荐航线,则航线的设计和绘画方法是将推荐航线上所

推荐的各航路点(也就是转向点)依次在相关总图上标注出来。然后将在总图上标注的各航路点用直线连接起来,并对每相邻两个航路点之间的航向进行标注。这样,各航路点之间的连线即为设计的计划航线。

(2) 如果不是全部借用相关资料中的推荐航线,而是根据相关资料的推荐自行设计航线,一般的方法是在总图上,首先选择第一个合适的航路点作为航线的起始点,然后再确定第二个航路点,用直线将第一个航路点和第二个航路点进行连接,两航路点之间的连线即为该两点之间的航线。两点连线之后,仔细观察该航线是否安全、合适、可用,即是否符合航线设计的原则和要求。如不合适,可适当调整第二个航路点的具体位置,然后重新画出两点间符合要求的航线。

第二个航路点的调整可有两种方法。一种是先调整第二个航路点的位置,然后将两航路点进行连接。另一方法是从第一个航路点对着第二个航路点的大体位置,先画出一条合适的航向线,然后,在这条航向线上,选取一个合适的位置,作为第二个具体的航路点。

然后再以同样的方法,选取第三个航路点,设计并画出第二个航路点和第三个航路点之间的航线。以后各点,以此类推,直至将整个航线全部画完。最后,将整个航线全部转移到航行图上。

(3) 如果在航线当中包括了大圆航线或混合航线。

① 首先要确定大圆航线的起始点和结束点。

② 在航用总图上按上述所述各条方法,设计并画出从航线起始点至大圆航线起始点之间以及从大圆航线结束点至航线终点(目的港)之间的航线。

③ 利用大圆海图,设计出大圆航线起始点至结束点之间的大圆航线或大圆航线及等纬圈航线的混合航线。将将大圆航线按要求进行分点。

④ 将大圆航线的各分点移到航线设计的航用总图上,然后将各分点逐一用直线连接。这样,以恒向线航行方式的大圆航线便与大圆航线两端的恒向线航线组成了一条完整的大洋航线。

3. 具体航线的绘画要求

对于驾驶人员,一定要养成良好的海图作业习惯。因此,对于具体航线,无论是在总图上的计划航线,还是在航行图上的分段航线,都要进行严格、认真、仔细、规范的绘画。

(1) 对于航线的绘画一定要使用质量良好的2B铅笔。因为2B铅笔铅芯较软,画出的线条既清晰又轻柔,既不损坏海图,又便于擦拭,且不留划痕,对海图有保护作用。

(2) 绘画航线时,用力不要太重,画出的航线要美观,既要清晰,又不要太重,更不能太粗。特别是在小比例尺海图中,或者沿岸航线和在狭水道中的航线,切忌航线画得太粗太重。因为航线太粗太重会遮盖航线附近某些较小的物标,也可能会使航线附近的物标及某些标注模糊不清。

(3) 画出的航线一定是单直线,严禁出现重复的双线现象。这种现象往往是由于作图工具的限制,一个航向航线上,分两次以上才能画完时,两线段的结合部上可能会有双线的存在。

(4) 航线两侧附近,除了对航线航向进行必要的标注以外,严禁乱画。严禁画有任何其他不必要的直线,特别是与航线平行的直线。

(5) 严禁使用圆珠笔等不能擦拭的作图笔绘画航线,即便是经常使用的航线,也不允许使用钢笔或圆珠笔绘画。

(6) 航线上的每一个航路点,即转向点,要使转向点之前的航向线和转向后的新的航向线准确无误的在航路点上相交,也就是转向前和转向后的两条航线必须准确的交于转向点上,并用专用的作图工具,以航路点为圆心画一大小适当的圆圈,并在圆圈外侧,紧挨圆圈,以英文字母 a/c(大小写均可,一般习惯上使用小写)提示在此点转向。

(7) 若是航路点位于海图图幅的边缘,无论是上边缘还是下边缘,则航路点两侧转向前的航线和转向后的航线都要进行完整的绘画和适当的标注。

(8) 如果航路点位于海图的图幅边缘附近,可将航路点同时作为接图点,但在这种情况下,航路点及对航路点的各种相关标注在前后两张相接的海图当中,都要按要求进行相应的绘画和标注。

(9) 在船舶定线制的通航分道中绘画航线时,应注意如下几点。

① 在通航分道内所画的航线一定要与船舶总流向保持一致,也就是说,所画出的航线尽量与该段航道保持平行,切忌将航线从航道一侧画至航道的另一侧,使航线与航道成交叉状。这是一种遵守避碰规则关于通航分道条款的良好船艺的表现。

② 若是所用的通航分道较窄,应将航线画在航道的中央。若通航分道较宽,则航线应画在航道中线的右侧。在保证距岸有足够的安全距离的前提下,航线所画位置应在距左侧 3/4 处比较合适。但这不是绝对的。这也是一条遵守避碰规则靠右边航行的良好船艺的表现。

③ 通航分道的双向航道中间若是以分隔线进行分道,则尽量避免航线距分隔线太近。因为距分隔线太近,就是与相邻航道的对驶船舶流向太近,容易出现紧张局面。

④ 若是通航分道内航道一侧带有 DW 标注的,表示此侧为深水航道,是供深吃水船使用。在航道水深能满足本船吃水要求的情况下,尽量不要占用深水航道,因为避碰规则中有一条不应妨碍的条款,这同样也是遵守避碰规则良好船艺的表现。

4. 具体航线的标注要求

设计的计划航线在海图上画出后,要按要求,对航线的相关内容在航线的相关位置进行认真、正确的标注,所有的标注要求明了、规范,并力求美观。

对航线上相关内容的标注无论是在总图上,还是在航行图上,都要进行标注,而且总图上和航行分图上的相关标注要一致。

(1) 对航线的标注。

航线画出后,应对航线进行如下的标注。

① 在航线的一侧(东西航线的上方或下方,南北航线的左侧或右侧),用尺寸适当、带有箭头的、与航线平行的矢量线,表示该航段的航向。矢量线上方标注航向,表示航

向的数字后面加一括号,括号内标注大写英文字母 T 或 TC。如:085(T)或 085(TC),表示计划真航向 085 度。矢量线的下方标注此段航线在两相邻航路点之间的航程。在表示航程的数字前面加大写英文字母 D,表示从上一个航路点至下一个航路点之间,如 D256 表示这个航向的航路段的航程是 256 海里。

② 此标注的尺寸与整个航段相比,大小要合适,如此航段很短,标注就不能太大,若航段较长,标注就不能太小。同时,根据航段在海图上的长短,可以选择一个或几个标注点。这使人能够一目了然。

③ 标注要求:在航线两侧的适当位置,最好选择在物标较少的空闲位置,切忌不能让标注掩盖或影响航线两侧的相关物标及有关海图上的相关资料。

④ 标注要准确,切忌产生标注的矢量线或标注的航向与实际航线相反的现象。如航线的实际航线是 045 度,但标注的矢量线却画成相反的 225 度方向,或将航向标注成 225 度。这种现象是时有发生的,应引起高度重视。

(2) 对航路点(转向点)的标注。

对于航线上的每一个航路点,即转向点,也应进行准确、规范的标注。标注的方式可按如下要求进行。

① 对每一个航路点进行标注的内容包括:转向点的指示符号、航路点的编号、航路点的位置(以经纬度表示)、该航路点至下一个航路点的距离、该航路点至目的港的距离。

② 标注的方式如下:

在转向点一侧,紧挨转向点:

以英文字母 a/c(大小写均可,但一般习惯于用小写,中间加一斜线)表示在此点转向,即 Alter Course 在转向点附近适当位置:

以一个圆圈中的阿拉伯数字表示该航路点的编号。

以标准的经、纬度书写方式表示该航路点的地理坐标。

以大写英文字母 D 加一组数字,表示该航路点距下一个航路点的航程。

以大写英文 TO GO 表示该航路点距目的港剩余的航程。

如:a/c 2345N 12305E D256 To Go 1345 此标注表示在此转入下一个航向,该航路点为该航线的第 3 个航路点,即第 3 个转向点,该航路点的地理坐标为 23 45N/123 05E(北纬 23 度 45 分,东经 123 度 05 分),该航路点至下一个航路点之间的航程为 256 海里,至目的港的航程还有 1345 海里。

(3) 对接图点的标注要求。

一条完整的航线,总是贯串于几张航线设计总图和数十张甚至上百张航行分图中,因此,在一张海图用完之后,总是要接下一张相关海图,为了能使两张海图有机连接,必须要选择一个合适的接图点,使航线在两张不同的海图上进行相应的转移。

① 接图点选择的原则。

接图点的选择一般可遵循下例原则。

• 接图点必须选择在同时被上下两张海图所包括的共有部分内。

- 若是后接的海图比例尺大于前面所用的海图,一般情况下,接图点可尽量提前。
若是后接的海图比例尺小于前面所用的海图,一般情况下,接图点可适当推后。
若是前后两张海图比例尺相等,则可选择适当位置。

② 接图点的标注。

接图点选定以后,接图点的位置在前后两张海图上进行同样的标注。

标注的方式一般是在接图点位置作与航线垂直的一小段线段,然后在垂直线段的合适一端再做一条与垂直线段相接的水平线段;在水平线段的上方,以经、纬度标注接图点的地理坐标,水平线段的下方标注要接的海图图号。

因为每张图都有两个接图点,即由上一张图接下来,然后由本图接下去,也就是上接和下接。因此标注时,在接下来的一点,也就是上接点,应标注上接 XXXX(图号);在接下去的接点,也就是下接点,应标注下接 XXXX(图号)。

若相接的上下两张海图不属同一种海图,还应标出前一张海图或后一张海图的类型,如:上接 CN 12356,下接 AUS 135,即本图上接中版海图 12356 号,下接澳版海图 135 号。

③ 航行当中接图的具体做法和要求。

航线设计中的接图点,有以下两个作用。

其一,用于相邻两张海图之间的航线绘画中的连接。

其二,实际航行中,提醒值班驾驶员,要及时接图,找出下一张要接持的海图。

但在实际航行中,接图工作是非常灵活的,并非一定要严格按照航线中的接图点进行接图,而是在两图同时共有的航线范围内,根据当时实际情况和航行需要,有时提前,有时可滞后进行接图。

实际航行中,不管是提前接图还是滞后接图,有一个原则是必须要遵守的,那就是,实际的接图点必须要有相应的时间和相关的船位,而且,接图的时间和船位在上下两张海图上都要进行标注,在两张图上都能同时表现出来。

5. 航线绘画的注意事项

航线的绘画正确与否,直接关系到船舶的航行安全。因此,航线的绘画是一项极为认真、严肃而又细致的工作。

在世界航海史上,无论国内还是国外,因航线绘画上的错误而导致的航行事故时有发生,有些甚至酿成了船毁人亡的重大海难事故。因此,在航线绘画的具体过程中就要特别注意。

航线绘画中出现的错误往往是因为具体操作者的粗心大意和工作不细心所造成,大体包括如下几方面。

(1) 所画航线实际的航向与对航线标注的航向不一致。

比如,两航路点之间画出的航线实际上为 045 度,但是由于某种原因,航线上标注的却是 048 度。这样,航行当中,驾驶人员若不仔细地将实际航线与所标航向进行重新核对,而只按照所标注的航向航行,结果就会偏离航线。如果两者相差度数较大,通过直观观察和定位的误差比较明显,还易于发现及时纠正。若相差度数较小,短时间内误差不明显,值班人员再不细心观察,不能及时发现和改正,就会因偏离航线而有可能引发航行事故。

产生这种错误原因是在绘画航线过程中,操作人员因某种原因产生了思想混乱,航线画完后凭想当然就进行了标注而没有认真的进行核对。

(2) 认错物标。

以物标为参照点选择转向点时,在总图与分图上选择物标不一致。尤其是当这两个物标都位于航线附近,且相距不太远时。本来在总图上是以物标A为参照物选择的转向点,但在将航线移到航行分图上时,误将A物标附近的B物标当作A物标而转向。这种情况在沿岸航线中较多出现。同时,在实际航行中,因认错目标而转向酿成航行事故的案例也并不少见。

(3) 接图时,接错接图点。

在将航线由总图向航行图上搬时,将接图点搞错,本来在总图上,某一航向是由A点开始的,但在将航向往分图上搬时,却将B点作为了A点,而将从A点的航向从B点开始画下去,于是就出现了后面航线绘画上的一系列错误。这种现象往往在大洋航线中,利用空白定位图作为航行图时出现的较多,主要原因是在经度的选择上出现了混乱。

(4) 接错图。

在将航线由总图上向航行图上移时,或在两张相邻的航行图上进行接图的过程中,将海图接错;本来应该将总图上的航线移到相应的B图上,却误移到C图上去了;或者两张航行图相接时,本来A图下面应接B图,却因粗心将航线接到了C图上。这种情况往往发生在航区较为单一,而且一个航向变化较少的情况下,无论大洋航线或是近海航线的绘画当中,都时有发生,也不少见。

(5) 同一航段航线,在前后两张相接的海图中不衔接。

同一个航向的同一航段航线,却在前后两张相接的海图中不衔接。这种现象表现为,在同一个航向上同一段航线,在接下来的海图上,若按前一张海图上的接图点和原来的航向画下来,则表现为不安全,与相差物标的相对位置都发生了变化。这种情况往往发生在前后两张海图的比例尺不同,无论是在由大比例尺海图往小比例尺海图接,还是由小比例尺海图往大比例尺海图上接都会发生,主要原因有以下三点。

① 实际资料的测量和海图的制作上的误差。

② 在经纬度的量取上有误差,特别是在小比例尺海图上的量取。

③ 航线画的太粗,造成了量取上的误差。

总之,以上所述都是在航线具体绘画当中经常出现的错误。而这些错误的出现,一旦在航行中不能及时被发现并及时进行纠正,轻者造成定位误差,偏离航线,重者可能会造成严重的航行事故。而造这种错误的主要原因皆是具体航线的设计和绘画人员的不负责任、工作粗心所致,主要的表现形式就是航线设计并绘画结束后,没有仔细检查,或者虽经过核查,也是形式上的走马观花。所以,航线的设计者和绘画人员在初步完成对航线的设计与绘画后,要反复仔细的对整条航线进行认真、负责、仔细的核查。

同时,船长也要按要求认真的对二副所制定的航行计划和航线设计、绘画进行认真、仔细的全面审查,以确保航线设计与绘画的准确无误。

(六) 填写航次计划报告表

当航线设计、绘画结束后,经过认真、仔细的反复检查,确信无误后,最后,按要求填写船舶航次计划报告表。

资讯二 航线设计(电子海图)

一、航线编辑

为了提高航线设计质量,增加航行安全度,在选择航线时,一般主要依靠中、英版航海资料中给出的推荐航线(Recommended Route)。除此之外,还要阅读大量相关航海图书资料,对航线全貌有一个深入的了解,从中选出适合本船条件和航行季节水文气象条件要求的安全、经济航线。另一方面,通过大量丰富的实航经验的积累,也可逐步掌握某些航线的规律。以上两方面相加,才能在任何条件变化的情况下,独立果断地选择航线和确定航线。否则,画出的航线可靠性差,不安全因素多,航行起来将是盲目的,甚至是危险的。

航线设计概括起来,可以归纳为以下途径:坚持原则、了解气象、阅读资料、研究海区、拟定航线。

制定航次计划应考虑的因素:气象条件(气象导航)、海况、危险物、交通密集区与限制区、定位与导航条件、本船条件与货物限制、船员、推荐航线。

利用 ECDIS 制定航次计划:大部分 ECDIS 系统可以工作在两种模式:航路监视与航线设计,一般开机后自动运行在航路监视状态并显示本船船位。

(一) 航线设计资料的获取

除了 ENC 规定的基础显示、标准显示和其他三种信息外,还可提供诸如航路指南、潮汐、气象等信息。可根据需要调用。

(二) 航线设计

航线的基本参数由航段(Leg)和航路点组成,ECDIS 中航线和航路点按识别码存储。航线名称、开航时间和航路点等可以填入航线表中。航路点的数据包括名称、位置、航路点等待时间、旋回半径、偏航界限、航速等。给出这些因素,系统可以自动计算航路点的 ETA、每航段航向和航程。偏航界限、偏向角度、旋回半径是航线监控报警的三个参数。航路点的输入、更改和移除非常方便,航路点一经变动其他数据自动随之变动。航线既可以是新设计的也可以利用以前航行过的航线。某区域的航线可以全部显示在海图上,同时有航线表可供选用。

航线编辑的方法有图形编辑和表格编辑,最基本操作为添加、移动、删除转向点。在编辑时除去转向点的经纬度外,其他的数据必须采用表格编辑的方法。

3. 航线设计时的其他操作

航线设计时的其他操作主要有航线连接、反向航线、航线检验和航线管理等。

二、航次计划

在 ECDIS 中所做的航次计划是对某航次的航线所完成的时间计划,具体表现在每个航路点处的航次参数。ECDIS 中的航次计划可分为航次参数、计划编制和计划管理三项内容。

任务训练一　青岛至湛江航线设计

青岛至湛江(近海航线)

散货船"天山"轮,总长 225.80 米,船宽 32.20 米,载重吨 68 450 吨,装载散粮 61 500 吨,前吃水 12.50 米,后吃水 12.70 米,燃油消耗量 32 吨/天,航速 14.5 节,预计于 2010.03.24 当地时间 1800 时,由青岛开航驶湛江港。

设计一条由青岛至湛江的合理航线。

青岛至港江航线为中国近海航行,跨越中国几个海区,且经一定的近洋航区,属近海航线一类。航线的设计和绘画基本步骤如下:

步骤一,抽选海图。

(1) 根据航线的起始港青岛和目的港湛江所在的海区,查阅中版《航海图书目录》(2007 年版)。

(2) 在《航海图书目录》中,从第一页总目录中,查得分区索引图在第 8~9 页。

(3) 从第 9 页分区索引图中,查得中国海区及附近在第 11 页,中国海区在第 13 页,青岛港在第 17 页,湛江港在第 35 或 37 页。

(4) 在第 11 页中国海区及附近区域中,抽选总图。

注意,此幅中图 101 和 102 虽然都包括了青岛至湛江的整个航路的海区,但因为青岛至湛江是近海航行,101 和 102 两图比例尺太小,许多较小的物标在图中表现不出来,对经验不足的初学者来说难度较大,所以不是首选。因此,应抽取比例尺较大的图 103 和 104 作为航线设计的总图。

(5) 在第 13 页中国海区中抽选由青岛至湛江的航行图。由于青岛至湛江是近海沿岸航行,根据海事局的要求,除了依次抽取 12000、13000 14000、15010、15020 外,还应抽取一些沿岸图:12300、13300、13500、13700、13900、14100、14300、15100、15300、15500、15700。

(6) 在第 17 页山东高角至日照港图幅中,抽选青岛港港图和附近大比例尺海图,依次为:12351 与 13339。

(7) 在第 35 页高栏列岛至琼州海峡图幅或第 37 页中,抽选湛江港附近大比例尺图及港图,依次为 15710、15741、15731、15732、15733。

(8) 这样,由青岛至湛江港海图全部抽选完毕,按顺序排好,依次为总图:103、104;航用图(分图):12351、13339、12300、12000、13000、13100、13300、13500、13700、13900、14000、14100、14300、15010、15100、15300、15020、15500、15700、15710、15741、15731、15732、15733。

(9) 除了抽取上述海图外,还应备妥台风位置标示图 0221 以及航线附近的避风锚泊图,如绿华山 3379、乐德湾 3715、兴化湾 4110,做到有备无患,确保安全。

步骤二,抽选航次所需航海图书资料

(1) 在总目录中查取航海书表示意图,为第 42~43 页。

(2) 由于青岛至湛江航区跨越了黄、渤海海区,东海海区和南海海区三个海区,所以,从 43 面航海书表示意图中,抽选:

《航路指南》A 101、A102、A103;

《航标表》 G101、G102、G103;

《港口指南》C103、C105;

《潮汐表》 H101、H103。

步骤三,利用航海通告对海图进行改正(略)。

步骤四,查阅和阅读相关资料。

查阅的相关资料,主要是中版的航路指南,由于青岛至湛江跨越了中国沿沿海的三个海区,即黄海、东海、南海,因此中版《航路指南》A101、A102、A103 都需要查阅。

步骤五,利用总图设计航线 中版图 103、104

设计航线可有两种方法:遵照航路指南的推荐航线或者按照推荐航线,结合本身经验,自行设计航线。

1. 按照《中国航路指南》的推荐航线

由于《中国航路指南》是分三个海区分别进行航线推荐和叙述的,所以,当航线跨越几个海区时,可以分海区分段设计,然后进行连接。如青岛至湛江可分为青岛至长江口,长江口至台湾海峡,台湾海峡至湛江三段进行。

(1) 青岛至长江口(海图 103)。

根据《中国航路指南》A 101(黄、渤海海区)第一章第四节介绍。

① 浅吃水船。浅吃水船出港在引水站(36 02.0 N/120 18.5 E)下引水后,按出港规定航线,航至 35 43.0 N/120 52.0 E,转向 160 度,航至转向点 35 31.1 N/120 57.0 E。然后转向 157 度,至转向点 32 29.2 N/122 32.0 E。然后转向 182 度,至佘山正东(方位 270),距离 12 海里处。

② 深吃水船。深吃水船,由青岛港引水站(36 02.0 N/120 18.5 E)下引水后,按出港规定航线,航至 35 43.0 N/120 52.0 E 转向 147 度,航行至转向点 35 32.3 N/121 00.0 E。然后转向 143 度,航行至转向点 33 47.0 N/120 36.1 E,转向 182 度,沿成山角至上海的推

荐航线,航行至佘山正东(方位270),距离12海里处。

(2) 长江口至台湾海峡(总图103)。

根据中国航路指南A102(东海海区)第一章第四节介绍

由上海或由北来经长江口南下的船的推荐航路如下(中型船):

佘山以东12海里处,31 23.0N/122 27.0E—C/154 (D/112)(经花鸟山东南约2海里)TO 29 47.6N/123 25.0E—C/213(D/323),TO 25 18.0N/120 08.0E(牛山岛B/307,D/14)—C/222(D/41) TO 24 49.0N/119 40 0E(乌丘屿B/309,D/15.6)—C/231(D/160) TO 23 08.0N /117 23.0E(南澎岛B/312,D/10)

(3) 台湾海峡至湛江(总图104)。

根据《中国航路指南》A103(南海海区)第一章第四节介绍

由南澎岛方位312度,距离10海里处,即23 08.0N /117 23.0E—C/241(D/55) TO 22 31.0N/116 32.0E(石碑山角B/353,D/14.9)—C/251(D/83) TO 22 15.0N/115 07.0E(针头岩B/000,D/4)—C/259(D/35) TO 22 08.6N/114 31.2E(大三门岛B/018,D/20)—C/263(D/12) TO 22 07.0N/114 18.2E(撞栏B/000,D/4)—C/244(D/37) TO 21 50.5N/113 43.5E(大万山岛B/000,D/6.3)—C/248(D/56) TO 21 29.0N/112 47.0E—C/255(D/125) TO 20 56.0N/110 46.0E(湛江港斗龙村航道进口浮标北侧)—C/304(3) TO 20 58.0N/110 37.3E(湛江港第一引航锚地)

(4) 因此,按照航路指南的推荐,由青岛至湛江的完整航线与航路点如下:

由青岛港引水站(36 02.0 N/120 18.5 E)下引水后,按出港规定航线—C/103(D35)航至35 43.0 N/120 52.0 E转向147度,航行12海里,至规定转向点35 32.3 N/121 00.0 E,然后—C/143(D/135)TO 33 47.0 N/122 36.1 E—C/182(D/140) TO 31 23.0N/122 27.0E(佘山B/270,D/12)——C/154 (D/112)(经花鸟山东8.2海里)TO 29 47.6N/123 25.0E—C/213(D/323) TO 25 18.0N/120 08.0E(牛山岛B/307,D/14)—C/222(D/41) TO 24 49.0N/119 40 0E(乌丘屿B/309,D/15.6—C/231(D/160) TO 23 08.0N /117 23.0E(南澎岛B/312,D/10)—C/241(D/55) TO 22 31.0N/116 32.0E(石碑山角B/353,D/14.9)—C/251(D/83) TO 22 15.0N/115 07.0E(针头岩B/000,D/4)—C/259(D/35) TO 22 08.6N/114 31.2E(大三门岛B/018,D/20)—C/263(D/12) TO 22 07.0N/114 18.2E(撞栏B/000,D/4)—C/244(D/37) TO 21 50.5N/113 43.5E(大万山岛B/000,D/6.3)—C/248(D/56) TO 21 29.0N/112 47.0E—C/255(D/125) TO 20 56.0N/110 46.0E(湛江港斗龙村航道进口浮标北侧)—C/304(3) TO 20 58.0N/110 37.3E(湛江港第一引航锚地)。全程约1475海里。

2. 参照推荐航线,根据实际情况和结合本身经验,或习惯航线设计航线

由于航运业及海上各方面具体情况的发展和变化,如船舶的大型化,海上通航密度的不断加大,港外锚地不断扩大,海上捕捞事业发展,造成了航路指南中某些内容陈旧,原来资料中的推荐航线,在某些方面就显得与海上实际情况不相适应。因此,航线设计一定要灵活。必要时,应根据实际情况,结合自身的航海实践经验,设计习惯航线。如

青岛至湛江港的航线若按照上述逐段推荐航线连接起来,就显得与实际情况出入很大,不适应实际航行的需要,原因如下。

　　A. 船舶的大型化和深吃水化,使原来的航线所经航区水深较浅。

　　B. 因上述航线青岛至长江口一段是基于青岛至上海航线,而青岛至湛江航线只是经过长江口海域,并不经过上海。因此,先将航线按上海设计到长江口,然后,再从长江口出来,设计至湛江,就欠合理,因为这样的航线已经造成了绕航。

　　C. 更重要的是长江口锚地的范围,比以前增大了许多,原来是海上的正常航行区域,现在已成了锚地中心,尤其是佘山至花鸟山这片大范围的水域,已经全部成了锚地,船舶除非是进长江口,否则,一旦进入这片水域,将会给正常的航行带来极大的麻烦和不安全因素,尤其是大型船和深吃水船。

　　D. 长江口水域,北起佘山以北,南至海礁以南,通航密度极大,渔船众多,航行条件极为复杂。南海部分由台湾海峡南口到珠江口,尤其是从香港至珠江口,包括担杆水道一带水域,亦是如此。但航路指南中推荐介绍的航线亦是通过担杆水道,因此,若仅为过境,可以从台湾海峡南口,经万山群岛以南驶湛江,航区简单,且航程反而较短。

　　因此,鉴于以上情况,青岛至湛江的航线应如下设计。

　　由青岛港引水站 36 02.0N/120 18.5E 下引水后,一按出港规定航线—C/103(D/35)航至规定转向点 35 56.2N/120 46.6E 转向,再按规定航线航 12 海里,至 35 43.0N/120 52.0 E,然后自行选择航线,走—C/138(D/140)TO 33 50.0 N/123 00.0E—C/180 TO 29 14.0 N/123 00.0 E(经海礁以西)—C/213 TO 25 18.0 N/120 09.0 E(牛山岛 B/307, D/14) 或从 35 43.0 N/120 52.0 E—C/138 TO 33 30.0 N/123 15.0 E—C/180 TO 29 32.0 N/123 15.0 E,(经海礁以东 10 海里),—C/213(D/285) TO 25 18.0 N/120 09.0E(牛山岛 B/307, D/14) 然后,—C/229(D/197) TO 23 09.0N/117 25.0 E(南澎岛 B/312　D/5)—C/241(D/57) TO 22 41.0N/116 31.0E(石碑角 B/352,D/15),—C/250 (D/85) TO 22 08.0 N/115 07 0E(针岩头 B/000, D/8)—C/268,(D/45) TO 22 07 0N/114 18.0E(撞栏 B/000, D/4),—C/237 (D/40) TO 21 45.0 N/113 43.0E—C/248,(D/57) TO　21 28.0N/112 48.0E(蒲台岛 B/000, D/5)—C/255(D/125) TO　20 55.0N/110 40 0E.(湛江港斗龙村进口航道浮标北侧)

　　也可以,为了避开珠江口的众多船舶,不经担杆水道,而由石碑角经万山群岛以南,蚊尾洲南 3 海里,直至湛江,即从 22 41.0N/116 31.0E(石碑角 B/352,D/15)—C/250,(D/251) TO 21 46.0 N/113 56.0E(蚊尾洲 B/000, D/3)—C/255 (D/192) TO　20 55.0N/110 40.0E.(湛江港斗龙村进口航道浮标北侧)

　　步骤六,将在总图上设计好的航线,转移到相关的航行图上。

　　当总的航线在总图上设计完成以后,需要将航线全部转移到航行用图上。转移的方法有两种:

　　(1) 先将每个航路点按照经纬度,逐一转移到航行分图上,然后,将相邻两个航路点用航线连接,并进行航向标注。

(2) 先将第一个航路点转移到分图上,然后从该点画出至下一个航路点的航线,在此航线上,按经纬度截取下一个航路点,然后,再从此航路点画出下一个航线。依次完成。

需要注意的是,当将航线从总图上转移到分图上后,要将全部分图的航线与总图逐一核查、对照防止在转移过程中出现错误。

步骤七,填写航线设计报告(Report of Passage Plan)(见附表)。

中华人民共和国海船船员适任证书全国统考

航线设计报告
REPORT OF PASSAGE PLAN

专　　业:航海技术	申考职务：　类　　等
评估项目:航线设计	评估时间:
准考证号:	
评估成绩:	评估员:

报告内容及作业要求

一、报告内容

(一) 设计一条航线

按照有关要求提供有关航行、定位的措施。

(二) 航线设计的内容

(1) 熟悉船舶主要数据,如船长、航次船宽、吨位、吃水、船速、燃油及淡水消耗、航海仪器、船员技术水平等。

(2) 结合本船情况分析研究相关航海资料。

(3) 确定计划航线,并提供情报确定的依据。

(4) 经过反复推敲,将最后确定的航线画在相关的总图和航海图上。

(5) 认真填写要求的各表。

二、作业要求

(一) 信息充分

所选择的海图、出版物齐全、适用。

(二) 航线安全

(1) 航线与孤立危险物、水下障碍物安全距离选择合适。
(2) 航线离岸距离选择合适。
(3) 航线避离禁区、避航区、过境船舶避免进入沿岸通航带等。
(4) 正确进入、使用、穿越通航分道。
(5) 正确使用深水航路。
(6) 正确处理海图水深不完整。
(7) 定位与转向时机合适,转向点选择合适。
(8) 推荐航线的使用。

(三) 航线经济

(1) 转向点设置合理,没有明显绕航。
(2) 航程与推荐航程的比较,差异合理。
(3) 利用推荐航线或经验航线而充分考虑风流等因素。

(四) 作业准确

(1) 航向、方位度量准确,误差小于 0.5 度。
(2) 里程度量准确,误差小于总航程的 1%。
(3) 接图点、转向点度量准确,经、纬度误差小于最小刻度的 1/2。

(五) 作业完整

(1) 总图、航行图或大比例尺海图上的航线完整。
(2) 海图上标注转向点编号,经、纬度、航段里程、剩余里程等。
(3) 海图标注位置恰当,不影响识读或不掩盖海图信息。
(4) 在规定的时间内完成作业。
(5) 在规定的时间内完成报告书。

(六) 作业美观

(1) 航线线条粗细适中。
(2) 海图标注位置得当、文字规范清晰。
(3) 海图纸面整洁。
(4) 作业过程有序,海图、资料、工具等摆放整齐。

1. 航线主要数据

船名：	天山轮航次 12 M.V		TIAN SHAN	Voyage No.12
船舶规范	船舶总长 225.8 米 L.O.A	船宽 32.2 米 Beam		载重量 68450 MT DWT
	货物粮货物重量：61500 MT Cargo		Cargo Weight	
	燃油消耗量(吨/天) 32 吨/天 F.O Consumption per day			航速 14.5 节 Speed
	离港吃水前 12.50 米后 12.70 米 Departure draft F		A	
出发港：青岛 Departure Qingdao		目的港湛江 Destination Zhanjing		
出发港引航站 P/STN of Departure	位置 Position 36 02.0N/120 08.5E 到泊位距离 Distance from the Berth 5			
航程 Distance	从引航站到引航站 1364 FM the P/STN to P/STN			
航行时间 Sailing Time	从引航站到引航站 3 天 22 小时 FM P/STN to P/STN			
目的港引航站 P/STN of Destination	位置 Position：20 58.0N/110 37.3E 到泊位距离 Distance to the Berth 30			
离港时间 Departure Time	离开泊位时间 2010.03.24.1830 Departure Time from the Berth			
预计抵港时间 ETA	预计抵目的港引水站时间 2010.03.28.1630 ETA to P/STN			
潮汐 Tide	出港时潮高 Tide of the Departure			
	抵港时潮高 Tide of the Destination			
法定时 Legal Time	出发港 GMT ＋ 8 Departure		目的港 GMT ＋ 8 Destination	
船时调整 Time Adjustment	拨快/拨慢 Advance/to Bach 天 Days		小时 Hours 增加/减少 Add/Less	
途经主要海区域 Main Erea of Route	中国黄海\ 东海\ 台湾海峡\ 中国南海			
审批记录 Remarks：				

2. 选择和确定计划航线(Select and Determine Route)

青岛港引水站下引水后,按中国航路指南推荐航线,先至长江口,到佘山以东 12 海里处,再经长江口,到花鸟山东 8 海里处,转向西南,经舟山群岛以东外航线、台湾海峡、广东沿海、担杆水道与珠江口外,最后至湛江。全程 1364 海里
审批记录 Remarks：

注：说明所拟定航线的性质、确定依据和重要航路点情况、并在小比例尺海图上确定航线。

3. 有关航海图书资料、信息一览表（Publication/Information to be used）

名 称 Title	序号 No.	书号 NP	书 名 Name of the Publications	出版年月 Date of Published	备 注 Remarks
航路指南 Sailing Directions	1	A101	中国航路指南 黄、渤海海区	2006.08	
	2	A102	中国航路指南 东海海区	2006.08	
	3	A103	中国航路指南 南海海区	2006.08	
	4				
	5				
	6				
	7				
	8				
	9				
	10				
潮汐表 Tide Table	1	H101	中国潮汐表 黄、渤海海区	每年	
	2	H103	中国潮汐表 南海海区	每年	
	3				
	4				
灯标表 List of Light	1	G101	中国航标表 黄、渤海海区	每年	
	2	G102	中国航标表 东海海区	每年	
	3	G103	中国航标表 南海海区	每年	
	4				
	5				
	6				
港口信息 Port Informations	1				
	2				
	3				
无线电信号表 List of Radio Signals	1				
	2				
	3				
	4				
	5				

续表

名 称 Title	序号 No.	书号 NP	书 名 Name of the Publications	出版年月 Date of Published	备 注 Remarks
海员手册、船舶定线等其他有关资料 Mariner's Handbook, Ship's Routing and Others	1				
	2				
	3				
	4				
	5				
	6				
航行警告接收 Navigation Warning/Weather Report	1				
	2				
	3				
	4				
	5				
	6				
审批记录　Remarks					

注：备注栏中可填写航海图书用途、存废等简要情况。

4. 所用总图、洋流图及航用海图一览表（Nautical Charts to be Used）

序号 No.	图号 Charts No.	图 名 Title	比例尺 Scale	出版年月 Date of Published	备 注 Remarks
总　图					
01	103	黄海、渤海及东海	1∶2 300 000	2000.08	
02	104	南海	1∶2 300 000	2000.10	
分　图					
01	12351	胶州湾	1∶35 000	2005.10	
02	12339	青岛港及附近	1∶80 000	2005.10	
03	12300	石岛港到青岛港	1∶250 000	2005.10	
04	12000	成山角至长江口	1∶750 000	2006.03	

续表

序号 No.	图 号 Charts No.	图 名 Title	比例尺 Scale	出版年月 Date of Published	备 注 Remarks
05	13000	长江口至闽江口	1:750 000	2006.03	
06	13100	吕四港至花鸟山	1:250 000	2005.10	
07	13300	舟山群岛及附近	1:250 000	2005.10	
08	13500	韭山列岛至台州列岛	1:250 000	2005.10	
09	14000	台湾海峡及附近	1:750 000	2006.03	
10	15010	汕头港至珠江口	1:500 000	2006.06	
11	15500	珠江口至海陵水道	1:250 000	2005.10	
12	15700	海陵水道至抱虎角	1:250 000	2005.10	
13	15710	大放鸡至硇洲岛	1:120 000	2005.10	
14	15741	湛江港外口	1:40 000	2005.10	
15	15731	湛江港	1:40 000	2005.10	
16	15732	湛江港南部	1:25 000	2005.10	
17	15733	湛江港北部	1:25 000	2005.10	
审批记录 Remarks					

注：备注栏中可填写海图性质、存废等简要情况。

5. 航线表(List of Route)

编号	从一航路点到另一航路点			累计航程	剩余航程	预计转向时间	关系海图	转向目标方位、距离	审批记录
	航路点位置	航向	航程						
01	36 02.0N/120 08.5E 青岛港引水站	103	35	35	1 364		12351		
02	35 43 0N/120 52 0E				1 329		13339		
		158	12	47					

续表

编号	从一航路点到另一航路点	累计航程	剩余航程	预计转向时间	关系海图	转向目标方位、距离	审批记录
03	35 32 3N/121 00.0E				1 317	12000	
		143	135	182			
04	33 47.0N/122 36.1E				1 182	12000	
		182	140	322			
05	31 23.0N/122 27.0E				1 042	12000 13100	佘山 B/270 D/12
		154	112	434			
06	29 47.6N/123 25.0E				930	13000 13300	
		213	323	757			
07	25 18.0N/120 08.0E				607	13000	牛山岛 B/307 D/14
		222	41	798			
08	24 49.0N/119 40.0E				566	14000	乌丘屿 B/309 D/15.6
		231	160	958			
09	23 08.0N/117 23.0E				406	14000	南澎岛 B/312 D/10
		241	55	1013			
10	22 31.0N/116 32 0E				351	15010	石碑山角 B/353 D/14.9
		251	83	1096			
11	22 25.0N/115 07.0E				268	15010	针头岩 B/000 D/4
		259	35	1131			
12	22 08.6N/114 31.2E				233	15010	
		263	12	1143			
13	22 07.0N/114 18.2E				221	15010	撞栏 B/000 D/4
		244	37	1180			

续表

编号	从一航路点到另一航路点	累计航程	剩余航程	预计转向时间	关系海图	转向目标方位、距离	审批记录
14	21 50.5N/113 43.5E			184	15500	大万山岛 B/000 D/6.3	
		248	56	1236			
15	21 29.0N/112 47.0E			128	15700		
		255	125	1361			
16	20 56.0N/110 46.0E			3	15741	斗龙村航道进口浮标北	
		304	3	1364			
17	20 58.0N/110 37.3E 湛江第一引航锚地（引水站）			0	15731		

注：航程的累计为从引水站到引水站，预计转向栏只计算和填写主要转向点的预计时间。

6. 本航次海区重要记事

海区重要记事	审批记录
1. 该航线从引航站到引航站的海区内最浅水深处在什么位置？该航线附近主要有哪些礁石等碍航物存在？查阅有关资料，说明航经这些海区时的注意事项。	
1. 由青岛港内出港时，注意中沙礁，航线应从中沙灯船以东经过。 2. 由青岛至长江口一段及长江口以南舟山群岛外，航线两侧及附近，多沉船和废弃的油井，航行时应勤测船位，保持远离。	
2. 该航线的海区内是否有分道通航区和定线制区域？是否有禁止航行区域？查阅有关资料，说明航经这些海区时的航行方法？	
1. 青岛港从团岛口至朝连岛为分道通航，应切实遵守分道通航的规则要求。 2. 青岛港出港规定航线以南及朝连岛以西为禁航区，航行时注意不要进入。	
3. 该航线海区内是否有狭水道、交通密集或渔船密集区域？查阅有关资料，说明航经这些海区时的航行方法和注意事项。	
1. 长江口由余山至花鸟山一段长江口水域为进出上海和长江内各港的必经水域，且为长江口锚地边缘，通航密度极大，锚泊船多，航行中应加强了望、勤测船位，注意避让。 2. 长江口至台湾海峡一段，尤其以长江口至舟山群岛一段为甚，渔船众多，航船密集，航行中应加强了望，注意避让。 3. 石碑山角至珠江口一段，离岸距离近，多渔船，香港以外水域通航密度极大，与进出香港的船呈各种交汇状态，且从撞栏至珠江为通航分道，航行中应加强了望，按章航行，注意避让。	

续表

海区重要记事	审批记录
4. 该航线的航区内有哪些主要陆标可供定位使用？你认为哪些海区的海图及其他航海资料描述不够详尽，存在一定不可信度？查阅有关资料，说明注意事项和处理方法。	
该航区内可供定位的陆标较多，且明显，利于陆标定位和雷达定位，并为转向提供了较好的参考条件，如长江口以北的佘山、花鸟山、牛山岛、南澎岛、石碑山角、横栏灯塔、蚊尾洲灯塔等。湛江港外的硇洲岛灯塔为抵港船舶提供了良好的定位条件。	
5. 该航线的海区内有哪一些无线电报告点？根据船舶本身的条件并查阅有关资料，说明报告的内容和程序，并在有关海图上进行标注。	
1. 青岛港过大公岛和小公岛连线时，应向青岛交管中心报告。 2. 船舶过横栏时，应向香港海事处报告。	
6. 该季节航行在该航线的海区内会遇到哪些恶劣天气？根据船舶本身的条件并查阅相关资料，说明注意事项和具体措施。在本航线的海区内，还应该注意哪些问题？表明你的观点。	
3月份对中国沿海来说，应是一年当中航海的黄金季节，东北季风的强势已过，西南季风尚未来临，一般没有恶劣天气状况。但是，三月份，中国南海已开始进入雾季的初期，中国南部沿海可能会出现雾天，增加了航行的困难。	

任务训练二 青岛至悉尼航线设计

青岛至悉尼（跨洋恒向线航线）

散货船"天山"轮，总长 225.80 米，船宽 32.20 米，载重吨 68 450 吨，第 12 航次，装载散粮 61 500 吨前吃水 12.50 米，后吃水 12.70 米，燃油消耗量 32 吨/天，航速 14.5 节，预计于 2005.06.10 当地时间 1300 时，由青岛（Qing Dao）开航驶澳大利亚的悉尼（Sydney in Australia）港。设计一条由青岛至悉尼的合理航线。

青岛至悉尼航线，从地理位置上看，两港分属南北半球，跨越南北太平洋，且中间要经巴布亚新几内亚沿岸和所罗门海岛礁区航行，属跨洋航线。

步骤一，抽选海图。

根据出发港和目的港所在地理位置及航线所经海区，利用英版《海图及航海出版物目录》抽选相应海图。

（1）根据卷首目录，从目录第一部分 Introduction 中，查得海图索引分区在第 3 页。从目录第二部分 Nautical Chart 中查得航行计划图 AA 部分在第 14 页，世界总图 A 在第 14~15 页，小比例尺图 A1 在第 16~17 页。

（2）根据地理位置，青岛在亚洲，属太平洋西岸，悉尼在澳大利亚东南岸，属南太平洋西岸，两港之间同属太平洋西岸，但分别位于北、南两半球。

因此,从第 14 页 Planning Charts 中,抽选计划总图 4007(南太平洋)。

根据相关资料的推荐航线或习惯航线,在 4007 图上,确定青岛至悉尼航线的大体走向及所经航区为:中国黄海、东海、雅浦岛、索罗门群岛、珊瑚海、澳大利亚东部沿岸。

(3)根据航线所经航区,从第 3 页海图索引分区图中,查取所经海图分区代码,依次为 K1、K、O、O1 或 O2(视具体航路),M1、M2 几个区域。

(4)在总目录第 14~15 页 A,大洋总图即 The World-General Charts of the Ocean 中抽选总图 4052、4060,用于作具体的航行计划和绘画航线。

(5)在总目录第 16~17 页 A1 小比例尺海图中,抽选相应比例尺海图,作为近海航线的设计和绘画。同时,航行中与空白海图一起结合使用,作为空白图的参考,依次为:4509、4510、4506、4507。

(6)然后,根据 3 中所查取的海图索引分区,在总目录中第二部分相关 分区中抽选航路所用的航用图依次为 K1 中,从青岛港 876、1253、3480、2412 经过冲绳群岛时,选用大比例尺图 2024。

同时,为方便起见,青岛港及附近可用中版图 12351、13339 代替英版图 876 和 1253。

在 O 中,从 2412 以后一直到雅浦岛为大洋航行,无航行图可用,因此可选用该纬度范围内的空白图与总图结合一起使用。从雅浦岛以后,抽选 763、762、4622。

以由外航线经 O2 区通过为例,在 O2 中,通过所罗门群岛时,选用大比例尺图 398、397,然后 4621。

在 M1 中,选用 AUS424、AUS 361。

在 M2 中,抽选悉尼港台附近及港图 AUS197、AUS200、AUS201、AUS202。

(7)由此,青岛港至悉尼港所用全部海图已抽选完毕,由青岛港始,按顺序排序。

总图:英版 4052、4060。

分图:12351(中版)、13339(中版)、3480(英版)、2412(英版)、2024(英版)、5340、相关空白图、763(英版)、762(英版)、4622(英版)、398(英版)、397(英版)、4621(英版)、AUS 424(澳版)、AUS 361、AUS 197、AUS 200、AUS 201、AUS 202。

步骤二,抽选专用大洋航路图。

因该航线不需要走大圆航线,所以不需要抽选大圆图。

因在雅浦岛以前没有航行用图,而要用到空白海图,所以,在卷首目录中第 3 部分专用海图即 Thematic Chart 中。

空白海图在第 140 页。

《大洋航路图》在第 137 页。

在第 137 页大洋航路图中,根据航行的时间,抽选 5127(北太平洋)、5128(南太平洋)中的相关月份的航路图。

在第 137 页空白海图中抽选相应纬度范围内的空白海图。分别是 5340(纬度 6~12)、5341(纬度 12~18)、5342(纬度 18~24)。

步骤三,抽选航海资料。

在英版《海图与航海图书总目录》中,抽选相应的航海资料。

(1)首先在《海图及航海出版物目录》的卷首目录第 4 部分,航海出版物(Nautical Publications)中,查得:

英版无线电信号表在第 141 页。

英版航路指南在第 142～143 页。

潮汐出版物在第 144 页。

英版灯标与雾号表在第 145 页。

在第 141 页无线电信号表中,根据航线所经航区,抽选无线电信号表的第一卷第 2 册 NP 281(2)、第二卷 NP282、第三卷第 2 册 NP283(2)、第四卷 NP284、第五卷 NP285、第六卷第 4 册 NP286(4)。

(2)在第 142～143 页航路指南中,抽选航路指南第 32 卷、42C 卷、60 卷、15 卷、14 卷。

(3)在第 145 页 灯标与雾号信号表中,按航线航区抽选 F 卷、K 卷。

(4)在第 144 页 潮汐出版物中,抽选第 4 卷,即 VOL 4(NP204)。

步骤四,对相关海图和图书资料进行改正。

根据航海通告的改正内容,对航次所用的相关海图和图书资料进行全部相关改正(略)。

步骤五,查阅研究相关资料。

如若对此航线不熟悉,在此航线上首次航行,在进行具体的航线设计和绘画之前要对相关资料进行查阅和研究。可供查阅和研究的资料主要有《世界大洋航路》和《世界大洋航路图》。

《世界大洋航路》中对航线的介绍比较具体和全面,而大洋航路图看起来更比较直观。

根据前面讲的对世界大洋航路的查阅方法,可以很容易找到澳大利亚与菲律宾群岛、中国南海、东海及西北太平洋沿岸之间的航路介绍。即第 190 页的 Ocean Passages Between Australia and Philippine Islands, South and East China Seas and North-West Part of The Pacific Ocean,并在其中找到墨尔本、悉尼和布里斯班至上海的航路介绍。

步骤六,根据相关资料,在总图上进行航线设计。

根据相关资料对推荐航线的介绍,参照上海的大洋航线,在总图上进行航线设计和绘画。

根据大洋航路图和世界大洋航路中的资料和推荐航线,由青岛至悉尼的航线走向如下:

由青岛港引水站下引水后,沿岸航线航至航路点 35 43.0N/120 52.0E,然后直接开始大洋航线经日本的宫古列岛冲绳岛东北、雅浦岛南,然后,经巴布亚新几内亚东外航线,穿过新爱尔兰岛和布干维尔岛之间的水道南下,再经 Pochiington Feef 与 Rossel Spit 之间继续南下,经 Fredrich Reef 以东 20 海里,然后改为澳大利亚沿岸航线,直至悉尼。

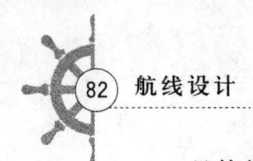

具体航线及航路点如下:

由青岛港引水站 36 02.0N/120 18.5E 下引水后,—按出港规定航线—C/103(D/35)航至规定转向点 35 56.2N/120 46.6E 转向,再按规定航线航至 35 43.0 N/120 52.0 E,然后—C/138(D/140) TO 33 50.0 N/123 00.0E—C/162(D/510) TO 25 40.0N/126 00.0E—C/146(D/1200) TO 09 10.0N/137 50.0E(雅浦岛以南),—C/128(D/1180) TO 03 00.0S/153 00.0E—C/166(D430) TO

10 00.0S /154 50.0E—C/180(D1105)(Passed 20 n miles east of Frederich Reef) TO 2825.0S/154 50.0E—C/202(D/225) TO 32 30.0S /152 45.0E—C/217(D/105) TO 33 50.0S/151 30.0E(悉尼港引水站)。全程约5090海里。

步骤七,将在总图上设计好的航线,转移到相关的航行图上。

当总的航线在总图上设计完成以后,需要将航线全部转移到航行用图上。转移的方法以下有两种。

(1)先将每个航路点按照经纬度,逐一转移到航行分图上。然后,将相邻两个航路点用航线连接,并进行航向标注。

(2)先将第一个航路点转移到分图上,然后从该点画出至下一个航路点的航线,在此航线上,按经纬度截取下一个航路点。然后,再从此航路点画出下一个航线,依次完成。

需要注意的是,当将航线从总图上转移到分图上后,要仔细的将全部分图的航线与总图逐一核查,对照查看是否相符,防止在转移过程中出现错误。

步骤八,填写航行计划报告书。

中华人民共和国海船船员适任证书全国统考

航线设计报告
REPORT OF PASSAGE PLAN

专　　业:航海技术	申考职务:　类　　等
评估项目:航线设计	评估时间:
准考证号:	
评估成绩:	评估员:

报告内容及作业要求

一、报告内容

(一)设计一条航线

按照有关要求提供有关航行、定位的措施。

(二)航线设计的内容

(1) 熟悉船舶主要数据,如船长、航次船宽、吨位、吃水、船速、燃油及淡水消耗、航海仪器、船员技术水平等。
(2) 结合本船情况分析研究相关航海资料。
(3) 确定计划航线,并提供情报确定的依据。
(4) 经过反复推敲,将最后确定的航线画在相关的总图和航海图上。
(5) 认真填写表格。

二、作业要求

(一)信息充分

选择的海图、出版物齐全、适用。

(二)航线安全

(1) 航线与孤立危险物、水下障碍物安全距离选择合适。
(2) 航线离岸距离选择合适。
(3) 航线避离禁区、避航区、过境船舶避免进入沿岸通航带等。
(4) 正确进入、使用、穿越通航分道。
(5) 正确使用深水航路。
(6) 正确处理海图水深不完整。
(7) 定位与转向时机合适,转向点选择合适。
(8) 推荐航线的使用。

(三)航线经济

(1) 转向点设置合理,没有明显绕航。
(2) 航程与推荐航程的比较,差异合理。
(3) 利用推荐航线或经验航线而充分考虑风流等因素。

(四) 作业准确

(1) 航向、方位度量准确,误差小于 0.5 度。
(2) 里程度量准确,误差小于总航程的 1%。
(3) 接图点、转向点度量准确,经、纬度误差小于最小刻度的 1/2。

(五) 作业完整

(1) 总图、航行图或大比例尺海图上的航线完整。
(2) 海图上标注转向点编号、经纬度、航段里程、剩余里程等。
(3) 海图标注位置恰当,不影响识读或不掩盖海图信息。
(4) 在规定的时间内完成作业。
(5) 在规定的时间内完成报告书。

(六) 作业美观

(1) 航线线条粗细合适。
(2) 海图标注位置得当;文字规范清晰。
(3) 海图纸面整洁。
(4) 作业过程有序,海图、资料、工具等摆放整齐。

1. 航线主要数据

船名:	天山轮	航次	12 M.V		TIAN SHAN		Voyage No. 12	
船舶规范		船舶总长 225.8 米 L.O.A		船宽 32.2 米 Beam			载重量(吨) 68 450 吨 DWT	
		货物粮货物重量 61 500 吨 Cargo				Cargo Weight		
		燃油消耗量(吨/天) 32 吨/天 F.O Consumption per day					航速 14.5 节 Speed	
		离港吃水前 12.5 米			后 12.7 米 Departure draft		F	A
出发港:青岛 Departure Qingdao				目的港悉尼 Destination Sydney				
出发港引航站 P/STN of Departure		位置 Position 36 02.0N/120 08.0E 到泊位距离 Distance from the Berth 5						
航程 Distance		从引航站到引航站 4942 miles FM the P/STN to P/STN						
航行时间 Sailing Time		从引航站到引航站 14 天 05 小时 FM P/STN to P/STN						
目的港引航站 P/STN of Destination		位置 Position 33 50.0S/151 22.0E 到泊位距离 Distance to the Berth 4						

续表

船名： 天山轮 航次	12 M. V TIAN SHAN	Voyage No. 12
离港时间 Departure Time	离开泊位时间 2005.06.10 1300 Departure Time from the Berth	
预计抵港时间 ETA	预计抵目的港引水站时间 2005.06.24 2000 ETA to P/STN	
潮汐 Tide	出港时潮高 Tide of the Departure	
	抵港时潮高 Tide of the Destination	
法定时 Legal Time	出发港 GMT + 8 Departure	目的港 GMT + 10 Destination
船时调整 Time Adjustment	√ 拨快/拨慢 Advance/to Bach　2 小时 Hours 增加/减少 Add/Less　　天 Days	
途经主要海区 Main Erea of Route	中国黄海、东海、北太平洋、珊瑚海、所罗门群岛、南太平洋	
审批记录 Remarks：		

2. 选择和确定计划航线（Select and Determine Route）

由青岛港引水站下引水后，按规定航线航至航路点 35 43.0N/120 52.0E，然后直接开始大洋航线，经日本的冲绳岛东北、雅浦岛南 10 海里，然后，经巴布亚新几内亚东外航线，经所罗门群岛，进珊瑚海，穿过新爱尔兰岛和布干维尔岛之间的水道南下，再经 Pochiington Reef 与 Rossel Spit 之间继续南下，经 Fredrich Reef 以东 20 海里，然后改为澳大利亚沿岸航线，顺东澳大利亚流，直至悉尼。
审批记录 Remarks：

注：说明所拟定航线的性质、确定依据和重要航路点情况，并在小比例尺海图上确定航线。

3. 有关航海图书资料、信息一览表（Publication/Information to be used）

名　称 Title	序号 No.	书号 NP	书　名 Name of the Publications	出版年月 Date of Published	备　注 Remarks
航路指南 Sailing Directions	1	NP32	*China Sea Pilot Vol.* III	2007.06	
	2	NP42C	*Japan Pilot Vol.* IV	2005.01	
	3	NP60	*Pacific Islands Pilot Vol* I	2007.11	
	4	NP15	*Australia Pilot Vol.* III	2005.10	
	5	NP14	*Australia Pilot Vol.* II	2007.10	
	6				
	7				

续表

名 称 Title	序号 No.	书号 NP	书 名 Name of the Publications	出版年月 Date of Published	备 注 Remarks
	8				
	9				
	10				
潮汐表 Tide Table	1	NP204	Pacific Ocean (including Tidal Stream tables)		
	2				
	3				
	4				
灯标与雾号表 List of Light	1	NP79	Admiralty List of Lights and Fog Signals Vol. F		
	2	NP83	Admiralty List of Lights and Fog Signals Vol. K		
	3				
	4				
	5				
	6				
港口信息 Port Informations	1				
	2				
	3				
	4				
无线电信号表 List of Radio Signals	1	NP281(2)	Admiralty List of Radio Signals Vol. 1(2)		
	2	NP282	Admiralty List of Radio Signals Vol. 2		
	3	NP283(2)	Admiralty List of Radio Signals Vol. 3(2)		
	4	NP284	Admiralty List of Radio Signals Vol. 4		
	5	NP285	Admiralty List of Radio Signals Vol. 5		

续表

名 称 Title	序号 No.	书号 NP	书 名 Name of the Publications	出版年月 Date of Published	备 注 Remarks
	6	NP286(4)	Admiralty List of Radio Signals Vol.6(4)		
海员手册、船舶定线等其他有关资料 Mariner's Handbook, Ship's Routing and Others	1				
	2				
	3				
	4				
	5				
航行警告 接收 Navigation Warning/Weather Report	1				
	2				
	3				
	4				
审批记录 Remarks					

注：备注栏中可填写航海图书用途、存废等简要情况。

4. 所用总图、洋流图及航用海图一览表(Nautical Charts to be Used)

序号 No.	图号 Charts No.	图名 Title	比例尺 Scale	出版年月 Date of Published	备 注 Remarks
总图					
01	4052	North Pacific Ocean—Southwestern Part	1:10 000 000	2003.05	
02	4060	Auatralia and Adjacent Waters	1:10 000 000	2003.05	
分图					
01	12351	胶州湾	1:35 000	2005.10	中版
02	12339	青岛港及附近	1:80 000	2005.10	中版
03	3480	Yellow Sea and Korea Strait	1:1 200 000	1985.07	英版
04	2412	East China Sea	1:1 500 000	1992.03	英版
05	2024	Okinawa Shima to Amami-O shima	1:500 000		英版

续表

序号 No.	图号 Charts No.	图名 Title	比例尺 Scale	出版年月 Date of Published	备 注 Remarks
06	5340				空白图
07	5341				空白图
08	5342				空白图
09	763	Caroline Island-Western Part	1:1 500 000	2002.07	英版
10	762	Caroline Island-Eastern Part	1:1 500 000	2002.07	英版
11	4622	Admiralty Island to Solomon Island	1:1 500 000	2003.07	英版
12	AUS 398	Tulun Island to Tanga Island	1:300 000	2008.02	澳版
13	AUS 397	Cape Kwol to Buka Island including Green Island	1:300 000	2008.02	澳版
14	4621	Mackay to Solomon Island	1:1 500 000	2003.07	英版
15	AUS 424	Port Jachson to Farser Island	1:1 000 000	2000.10	澳版
16	AUS 361	Kiama to Norah Island	1:300 000	2000.10	澳版
17	AUS 197	Approach to Port Jackson—Port Hacking to The Skillion	1:75 000	2001.08	澳版
18	AUS 200	Port Jackson	1:20 000	1992.12	澳版
19	AUS 201	Port Jackson—Eastern sheet	1:7 500	2001.07	澳版
20	AUS 202	Port Jackson—Central—Sydney Harbour			澳版
大洋航路图					
01	512(6)	North Pacific(Jun)			
02	512(6)	Sorth Pacific(Jun)			
审批记录 Remarks					

注:备注栏中可填写海图性质、存废等简要情况。

5. 航线表(List of Route)

编号	从一航路点到另一航路点			累计航程	剩余航程	预计转向时间	关系海图	转向目标方位、距离	审批记录
	航路点位置	航向	航程						
01	Qingdao P/STN 36 02.0N/120.18.5E	103	35	35	4 942		12351		
02	35 56.2N/120 46.6E				4 937		12339		

续表

编号	从一航路点到另一航路点	累计航程	剩余航程	预计转向时间	关系海图	转向目标方位、距离	审批记录
		158	12	47			
03	35 43.0N/120 52.0E			4 895	12339		
		138	140	187			
04	33 50.0N/123 00.0E			4 755	3480、2412		
		162	510	697			
05	25 40.0N/126 00.0E			4 245	2024		
		146	1200	1 897			
06	09 10.0N/137 50.0E			3 045	763	Yap Is 10miles of south	
		128	1180	3 077			
07	03 00.0S/153 00.0E			1 865	4622		
		166	430	3 507			
08	10 00.0S/154 50.0E			1 435	4621		
		180	1105	4 612			
09	28 25.0S/154 50.0E			330	AUS 424		
		202	225	4 837			
10	32 30.0S/152 45.0E			105	AUS 424		
		218	105	4 942			
11	33 50.0S/151 22.0E (Sydney P/STN)			0	AUS 361/197		

注：航程的累计为从引水站到引水站，预计转向栏只计算和填写主要转向点的预计时间。

6. 本航次海区重要记事

海区重要记事	审批记录
1. 该航线从引航站到引航站的海区内最浅水深处在什么位置？该航线附近主要有哪些礁石等碍航物存在？查阅有关资料，说明航经这些海区时的注意事项。	
本航线所经海区比较单一，但在所罗门群岛及珊瑚海中，航区较为复杂，岛屿众多，且暗礁较多，范围较大，这就增加了航行的难度，使航线变得曲折，但航线两侧明显的岛屿，也给船舶定位增加了有利条件。此处虽然航道较窄，但礁区以外，水深富裕，水道清爽，水下碍航物较少。同时，在珊瑚海航行，水蓝岛绿，且蒙气差较大，因此应特别加强了望，注意测定船位。	

续表

海区重要记事	审批记录
2. 该航线的海区内是否有分道通航区和定线制区域？是否有禁止航行区域？查阅有关资料,说明航经这些海区时的航行方法？	
1. 青岛港出港下引水后,一直到朝连岛,入船舶定线,且为分道通航,并实行VTS管理。此段航行中,须按章进行报告。 2. 澳大利亚悉尼港,从进口航道,实行分道通航,且实行VTS管理和相应报告。 3. 澳大利亚实行船舶报告制度,要求甚严,强制执行。应按章及时进行相应的报告(NP283)。 4. 船舶在珊瑚海中航行,若进入澳大利亚大堡礁区内航行,执行大堡礁报告制度(Reef Report),以代替澳大利亚的船舶报告制度。	
3. 该航线海区内是否有狭水道、交通密集或渔船密集区域？查阅有关资料,说明航经这些海区时的航行方法和注意事项。	
巴布亚新几内亚与所罗门群岛之间,航道较狭窄,另处于珊瑚海中航行,暗礁较多,航行中应加强了望,勤测船位,并使船舶保持在计划航线上,注意前面的浪花,因为水中泛起浪花是水下障碍物存在的标志。	
4. 该航线的航区内有哪些主要陆标可供定位使用？你认为哪些海区的海图及其他航海资料描述不够详尽,存在一定不可信度？查阅有关资料,说明注意事项和处理方法。	
北太平洋海区基本上是大洋航行,可供定位的陆标较少,主要是雅浦岛。该岛是中国至东澳航线上的一重要的航路点,并可作为大洋中的陆标定位。珊瑚海中的 都是可用于陆标定位的良好物标。	
5. 该航线的海区内有哪一些无线电报告点？根据船舶本身的条件并查阅有关资料,说明报告的内容和程序,并在有关海图上进行标注。	
1. 由青岛港出港后,经大公岛和小公岛的连线,应向青岛 VTS 进行报告。 2. 澳大利亚执行强制性船舶报告制度,进入澳大利亚报告区(南纬12度),应按规定向澳大利亚MRCC(搜救中心)按章进行船舶报告。报告的种类分为航行计划报、每日位置报告、到达报告、绕航报告具体内容和程序,详见Np283。	
6. 该季节航行在该航线的海区内会遇到哪些恶劣天气？根据船舶本身的条件并查阅相关资料,说明注意事项和具体措施。在本航线的海区内,还应该注意哪些问题？表明你的观点。	
1. 6月份,西北太平洋,尤其是低纬度航行,本航线所经航区为热带气旋多发期,特别是菲律宾以东至关岛一带。此期间航行,应特别注意接收气象预报。但除热带气旋以外,一般没有恶劣天气发生。 2. 南太平洋,6月份东南季风刚开始,但还不太强,一般没有恶劣天气。不过澳大利亚以东洋面上,温带气旋所产生的大风有时异常强劲,十级以上的强风时有发生。	

任务训练三　青岛至圣弗朗西斯科航线设计

青岛至圣弗朗西斯科(大洋混合航线)

　　散货船"天山"轮,总长 225.80 米,船宽 32.20 米,载重吨 68 450 吨,第 12 航次,装载散粮 61 500 吨。前吃水 12.50 米,后吃水 12.70 米,燃油消耗量 32 吨/天,航速 14.5 节,预计于 2005.06.13 当地时间 1800 时,由青岛开航驶湛江港,设计一条由青岛至圣弗朗西斯科的合理航线。

　　青岛至圣弗朗西斯科航线属东西向的大洋航线,且纬度较高,适应于大圆航行,是比较典型的大洋混合航线。同时,根据太洋航路的推荐航线,由太平洋西海岸至太平洋东海岸有两种航法,一种航法为经津轻海峡,另一种航法为经日本南部的大隅海峡。因为 6 月份北太平洋气象较好,没有大的风浪,所以可在较高纬度航行,因此,选择经日本津轻海峡,并走大圆航线的航法。

　　步骤一,抽选航用海图。

　　根据出发港和目的港所在地理位置及航线所经海区,利用英版《海图及航海出版物》抽选相应海图。

　　(1) 根据卷首目录。

　　从目录第一部分 Introduction 中,查得海图索引分区在第 3 页。

　　从目录第二部分 Nautical Chart 中查得航行计划图 AA 部分在第 14 页,世界总图 A 在第 14～15 页,小比例尺图 A1 在第 16～17 页。

　　(2) 根据地理位置,青岛在亚洲,属太平洋西岸,旧金山在北美洲,属北太平洋东岸,两港之间相隔太平洋,因此,从第 14 页 Planning Charts 中,抽选计划总图 4002(太平洋)。

　　根据相关资料的推荐航线或习惯航线,在 4002 图上,确定青岛至旧金山航线的大体走向及所经航区为:中国黄海、朝鲜海峡、日本海、津轻海峡,大洋航线至旧金山。

　　(3) 根据航线所经航区,从第 3 页海图索引分区图中,查取所经海图分区代码,依次为:K1、L、A、A1、R。

　　(4) 在英版《海图及航海出版物目录》第 14～15 页 A,大洋总图即 The World-General Charts of The Ocean 中抽选总图 4053、4050 用于作具体的航行计划和绘画航线。

　　(5) 在英版《海图及航海出版物目录》第 16～17 页 A1 小比例尺海图中,抽选相应比例尺海图,作为近海航线的设计和绘画,同时,航行中与空白海图一起结合使用,作为空白图的参考。依次为:4509、4511、4522、4805、4806。

　　(6) 按照查取的海图索引分区代码,分别查取航线所用航用图。

　　在 K1 区中,抽选青岛至朝鲜海峡的航用图,依次为 876、1253、3480、3365。

　　在 L 区中,抽选朝鲜海峡至日本津轻海峡的航用图,依次为 127、2347、3293、1800、JP10、JP1030、1803。

如5中所述,A与A1区为总图和小比例尺海图,并没有可用的航行图,因此在此区内可用相关纬度的空白海图配合由 A1 区抽选的小比例尺图使用。为:4509、4511、4522、4805。

在 R 区中,抽选 2530、1229、591、592、590。

(7) 由此,青岛港至旧金山港所需全部海图抽选完毕,依次如下。

总图:4053、4050。

分图:876、1253、3480、3365、127、2347、2293、1800、1803、(与相应空白图结合使用的小比例尺图 4509、4511、4522、4805,空白海图 5346/ Lat 36—42N/S,5347/Lat 42～48 N/S,5348 Lat 48～54N/S)、2530、229、591、592、590。

步骤二,抽选专用海图。

因为该航线要走大圆航线,并用到空白海图,所以,在卷首目录中第 3 部分 专用海图即 The Matic Chart 中查取大圆海图在第 137 页。大洋航路图在第 137 页。空白海图在第 140 页。

因此在第 137 页大洋航路图中,抽选 5127(北太平洋)相关月份航路图。

在第 137 页大圆海图中,抽选 5097 北太平洋。

在第 137 页空白海图中抽选相应纬度范围内的空白海图。

步骤三,航海资料的抽选。

在英版《海图及航海出版物目录》中,抽选相应的航海资料。

(1) 首先在《海图及航海出版物》的卷首目录第 4 部分,航海出版物(Nautical Publications)中,查得:

英版《无线电信号表》在第 141 页。

英版《航路指南》在第 142～143 页。

潮汐出版物在第 144 页。

英版《灯标与雾号表》在第 145 页。

在第 141 页无线电信号表中,根据航线所经航区,抽选无线电信号表的第一卷第 2 册 NP 281(2)、第二卷 NP282、第三卷第 2 册 NP283(2)、第四卷 NP284、第五卷 NP285、第六卷第 4 册和第 5 册 NP286(4)(5)。

(2) 在第 2～143 页航路指南中,抽选航路指南第 32 卷、43 卷、41 卷、62 卷、8 卷。

(3) 在第 145 页灯标与雾号信号表中,按航线航区抽选 F 卷、M 卷、G 卷。

(4) 在潮汐出版物中,抽选第 4 卷,即 VOL 4(NP204)。

步骤四、对相关海图和图书资料进行改正。

根据航海通告的改正内容,对航次所用的相关海图和图书资料进行全部相关改正。

(略)

步骤五,查阅研究相关资料。

如若对此航线不熟悉或首次在此航线上航行,在进行具体的航线设计和绘画之前,对相关资料的查阅和研究是非常必要的。可供查阅和研究的资料主要有《世界大洋航路》和《大洋航路图》。

《世界大洋航路》中对航线的介绍比较具体和全面,而大洋航路图看起来更比较直观。

根据前面讲的对世界大洋航路的查阅方法,很容易的可以找到上海至旧金山的推荐航线和介绍。即第 245 页 7.282 节 Shanghai To North America 及 7.288 节 Tsugaru Kaikyo To San Diego Or San Francisco。

此航线即为青岛开航,经黄海,朝鲜海峡、日本海、日本津轻海峡,然后走大圆航线,直至旧金山。

步骤六,在总图上,进行具体航线设计及绘画。

此航线设计可分两步完成:青岛至津轻海峡的近海/沿岸航线和津轻海峡至旧金山的大洋航线。

(1) 首先,设计并画出由青岛经朝鲜海峡和日本海至津轻海峡的近海和沿岸航线。

在设计朝鲜海峡和津轻海峡的航线时,为了详细了解该航区的情况和精确起见,可参照该区的大比例尺图。并在大比例尺图上设计局部的航线更有利。

(2) 利用大圆海图设计并画出由津轻海峡至旧金山的大圆航线,并将大圆航线按分段原则上进行分段,并转移到航用海图总图上。

① 在抽选的大圆海图 5097 上,按推荐航线,选定大圆航线起点:4139 N/140 48 E。选定至圣弗朗西斯科时的大圆航路结束点。

② 在大圆海图上,用直线连接大圆航路的起始点和结束点。此直线即为津轻海峡至旧金山之间的大圆航线。

③ 按照大圆航线的分段原则进行分段,量取每个分点的地理坐标经纬度,然后,将每个分点转移到航用海图总图上。

④ 在总图上画出每相邻两个分点之间的航线,并量取每两个分点之间的航向和航程。在总图上形成一条由多条恒向线组成的大圆航线。并与大圆航线两端的恒向线相接。这样,就形成一条由青岛出发,经中国黄海、朝鲜海峡、日本海、津轻海峡至美国圣弗朗西斯科的一条完整的大洋混合航线。

具体航线与航路点如下:

由青岛港引水站 36 02.0N/120 18.5E 下引水后,—按出港规定航线—C/103(D/25)航至规定转向点 35 56.2N/120 46.6E 转向,再按规定航线 C/158,航行 14 海里,至 35 43.0 N/120 52.0 E,然后—RL/117(D/272) TO 33 36.0N/125 52.0E—RL/090 (D/30) TO 33 36.0N/126 30 0E—RL/ 071(D/120) TO 34 15.0N/128 42.0E(Hong Do B/000,D/17)—RL/037(D/42) TO 34 48.0N/129 15.0E,然后,—RL/ 053(D/ 648),TO 41 15.0N /140 00.0E—RL/061(D/47) TO 41 38.0N/140 55.0E(Benten Shima LH B/180,D/10)—RL/095(D/95) TO 41 30.0N/143 00.0E 然后,开始大圆航线 GC(D4160)/TO 38 00N/123 30.0W 至圣弗朗西斯科港进口灯浮以北,并作为大圆航线结束点。

航路点 38 00N/123 30.0W 接近圣弗朗西斯科港进口灯浮,因旧金山港外水域开阔,无任何遮挡和障碍,所以也可将大圆航线的结束点选在港口航道入口附近。

其中,在大圆航线一段分点航路及航线如下:

41 30.0N/143 00.0E(大圆航线起始点)—C/060(D/360) TO 44 30.0N /150 00.0E—C/067(D/450) TO 47 30.0N/160 00.0E—C/073(D/410) TO 49 30.0N/170 00.0E—C/076(D/120) TO 50 00.0N/173 00.0E 然后,按限制纬度50度等纬圈航行—C/090(D/1020) TO 50 00.0N/160 00.0W—C/109(/420) TO 47 40.0N/150 00.0W—C/110(D/460) TO 45 20.0N/140 00.0W—C/119(D/530) TO 41 20.0N/130 00.0W—C/123(D/360) TO 38 00.0N/123 30.0W。大圆航路结束,然后,RL/090,航行12海里,至圣弗朗西斯科进口航道入口,然后,沿进口航道C/121,航行30海里,直达引水站 37 45.0N/122 40.0W,全程约5 465海里。

步骤七,将在总图上设计好的航线,转移到相关的航行图上。

当总的航线在总图上设计完成以后,需要将航线全部转移到航行用图上。转移的方法有两种:

(1) 先将每个航路点按照经纬度,逐一转移到航行分图上;然后,将相邻两个航路点用航线连接,并进行航向标注。

(2) 先将第一个航路点转移到分图上,然后从该点画出至下一个航路点的航线。在此航线上,按经纬度截取下一个航路点。然后,再从此航路点画出下一个航线,依次完成。

注意,当将航线从总图上转移到分图上后,要仔细地将全部分图的航线与总图逐一核查、对照是否相符,防止在转移过程中出现错误。

步骤八,填写航行计划报告书。

中华人民共和国海船船员适任证书全国统考

航线设计报告
REPORT OF PASSAGE PLAN

专　　业:航海技术	申考职务:　类　　等
评估项目:航线设计	评估时间:
准考证号:	
评估成绩:	评估员:

报告内容及作业要求

一、报告内容

（一）设计一条航线

按照有关要求提供有关航行、定位的措施。

（二）航线设计的内容

（1）熟悉船舶主要数据，如船长、航次船宽、吨位、吃水、船速、燃油及淡水消耗、航海仪器、船员技术水平等。
（2）结合本船情况分析研究相关航海资料。
（3）确定计划航线，并提供情报确定的依据。
（4）经过反复推敲，将最后确定的航线画在相关的总图和航海图上。
（5）认真填写要求的各表。

二、作业要求

（一）信息充分

选择的海图、出版物齐全、适用。

（二）航线安全

（1）航线与孤立危险物、水下障碍物安全距离选择合适。
（2）航线离岸距离选择合适。
（3）航线避离禁区、避航区、过境船舶避免进入沿岸通航带等。
（4）正确进入、使用、穿越通航分道。
（5）正确使用深水航路。
（6）正确处理海图水深不完整。
（7）定位与转向时机合适，转向点选择合适。
（8）推荐航线的使用。

（三）航线经济

（1）转向点设置合理，没有明显绕航。
（2）航程与推荐航程的比较，差异合理。
（3）利用推荐航线或经验航线而充分考虑风流等因素。

(四) 作业准确

(1) 航向、方位度量准确,误差小于 0.5 度。
(2) 里程度量准确,误差小于总航程的 1‰。
(3) 接图点、转向点度量准确,经纬度误差小于最小刻度的 1/2。

(五) 作业完整

(1) 总图、航行图或大比例尺海图上的航线完整。
(2) 海图上标注转向点编号,经纬度、航段里程、剩余里程等。
(3) 海图标注位置恰当,不影响识读或不掩盖海图信息。
(4) 在规定的时间内完成作业。
(5) 在规定的时间内完成报告书。

(六) 作业美观

(1) 航线线条粗细适中。
(2) 海图标注位置得当,文字规范清晰。
(3) 海图纸面整洁。
(4) 作业过程有序,海图、资料、工具等摆放整齐。

1. 航线主要数据

船名:	天山轮	12 M.V	TIAN SHAN	Voyage No. 12
船舶规范	船舶总长 225.8 米 L.O.A		船宽 32.2 米 Beam	载重量(吨)68 450 吨 DWT
	货物粮货物重量 61 500 吨 Cargo			Cargo Weight
	燃油消耗量(吨/天) 32 吨/天 F.O Consumption per day			航速 14.5 节 Speed
	离港吃水前 12.50 米后 12.70 米 Departure draft F			A
出发港:	青岛 Departure Qingdao		目的港 旧金山 Destination San Francisco	
出发港引航站 P/STN of Departure	位置 Position 36 02.8 N/120 08.0E		到泊位距离 Distance from the Berth	5
航程 Distance	从引航站到引航站 5462 FM the P/STN to P/STN			
航行时间 Sailing Time	从引航站到引航站 15D 17H FM P/STN to P/STN			
目的港引航站 P/STN of Destination	位置 Position 37 45.0N/122 40.0W		到泊位距离 Distance to the Berth	10 Miles

续表

船名： 天山轮	12 M. V	TIAN SHAN	Voyage No. 12
离港时间 Departure Time	离开泊位时间　　　　2005.06.13　　1800 LT Departure Time from the Berth			
预计抵港时间 ETA	预计抵目的港引水站时间　2005.06.29　0300　ETA to P/STN			
潮汐 Tide	出港时潮高 Tide of the Departure			
	抵港时潮高 Tide of the Destination			
法定时 Legal Time	出发港　GMT＋8 H Departure		目的港　GMT－8H Destination	
船时调整 Time Adjustment	√拨快/拨慢　Aavance/to Bach　　　16 小时 Hours 增加 /√减少 Add/Less　　　1 天　Days			
途经主要海区域 Main Erea of Route	中国黄海、日本海、北太平洋			
审批记录 Remarks：				

2. 选择和确定计划航线（Select and Determine Route）

由青岛港出发，经黄海、朝鲜海峡、日本海、津轻海峡、以北纬50度为限制纬度，放洋走大圆航线，到旧金山航道入口北进口灯浮，结束大圆航线，然后，按进港航道，至旧金山港。
审批记录 Remarks：

注：说明所拟定航线的性质、确定依据和重要航路点情况，并在小比例尺海图上确定航线。

3. 有关航海图书资料、信息一览表（Publication/Information to be used）

名　称 Title	序号 No.	书号 NP	书　名 Name of the Publications	出版年月 Date of Published	备　注 Remarks
航路指南 Sailing Directions	1	NP32	*China Sea Pilot Vol III*	2007.06	
	2	NP43	*South and East Coast of Korea, East Cost of Siberia and sea of okihotsk Pilot*	2008.08	
	3	NP41	*Japan Pilot Vol I*	2006.08	
	4	NP62	*Pacific Islands Pilot Vol III*	2006.11	

续表

名称 Title	序号 No.	书号 NP	书名 Name of the Publications	出版年月 Date of Published	备注 Remarks
	5	NP8	Pacific Coast of Central America and United States Pilot	2007.11	
	6				
	7				
	8				
	9				
	10				
潮汐表 Tide Table	1	NP204	Pacific Ocean Including Tidle Stream		
	2				
	3				
	4				
灯标与雾号表 List of Lights and Fog Signals	1	NP79	Admiralty List of Lights and Fog Signals Vol. F		
	2	NP85	Admiralty List of Lights and Fog Signals Vol. M		
	3	NP80	Admiralty List of Lights and Fog Signals Vol. G		
	4				
	5				
	6				
港口信息 Port Informations	1				
	2				
	3				
无线电信号表 List of Radio Signals	1	NP281(2)	Admiralty List of Radio Signals Vol.1(2)		
	2	NP282	Admiralty List of Radio Signals Vol.2		
	3	NP283(2)	Admiralty List of Radio Signals Vol.3(2)		

续表

名 称 Title	序号 No.	书号 NP	书 名 Name of the Publications	出版年月 Date of Published	备 注 Remarks
	4	NP284	*Admiralty List of Radio Signals Vol.4*		
	5	NP;285	*Admiralty List of Radio Signals Vol.5*		
	6	NP286 (4)(5)	*Admiralty List of Radio Signals Vol.6(4)(5)*		
	7				
海员手册、船舶定线等其他有关资料 Mariner's Handbook, Ship's Routing and Others	1				
	2				
	3				
	4				
	5				
	6				
	7				
航行警告 接收 Navigation Warning/ Weather Report	1				
	2				
	3				
	4				
	5				
	6				
审批记录 Remarks					

注：备注栏中可填写航海图书用途、存废等简要情况。

4. 所用总图、洋流图及航用海图一览表

序号 No.	图号 Charts No.	图名 Title	比例尺 Scale	出版年月 Date of Published	备 注 Remarks
总 图					
01	4002	A Planning Chart for the Pacific Ocean	1:27 000 000	1995.01	
02	4053	North Pacific Ocean-North Western Part	1:10 000 000	2003.08	
03	4050	North Pacific Ocean-North Eastern Part	1:10 000 000	2003.08	
分 图					
01	876	Qingdao Gang and Approches	1:30 000	2007.10	
02	1253	Lianyungang to Qingdao Gang	1:300 000	2006.04	
03	3480	Yellow Sea and Korea Strait	1:1 200 000	1985.07	
04	3365	Komundo to taehuksan Kundo and Cheju do	1:250 000	2004.05	
05	127	Korea Strait	1:300 000	2002.03	
06	2347	Southern Japan and Adjacent Seas	1:1 500 000	2007.12	
07	2293	Northern Japan and Adjacent Seas	1:1 500 000	2005.08	
08	1800	SouthWest Hokkaido	1:500 000	2002.03	
09	1803	Hokkaido -southeast coast- Goyomai Channel	1:500 000	2002.03	
10	5346				空白图
11	5347				空白图
12	5348				空白图
13	4509	Western Portion of Japan	1:3 500 000	2003.12	
14	4511	Northern Portion of Japan	1:3 500 000	2002.12	
15	4522	Mys Lopatka to the Chinook Trough	1:3 500 000	2003.11	
16	4805	Hawaii Island to the Aleutian Trench	1:3 500 000	2003.07	
17	4806	San Francisco and Vancouver island to Mendocino Fracture Zone	1:3 500 000	2003.07	
18	2530	San Diego Bay to Cape Mendocino	1:1 200 000	1981.10	
19	229	Point Pinos to Bodega Head	1:201 000	2000.07	
20	591	San Francisco Harbour and Approaches	1:50 000	2007.03	
21	592	San Francisco Bay—Southern Part	1:50 000	2008.09	
大洋航路图					
01	5127				
大圆图					

续表

序号 No.	图号 Charts No.	图 名 Title	比例尺 Scale	出版年月 Date of Published	备 注 Remarks
01	5097				
审批记录 Remarks					

注：备注栏中可填写海图性质、存废等简要情况。

5. 航线表(List of Route)

编号	从一航路点到另一航路点			累计航程	剩余航程	预计转向时间	关系海图	转向目标方位、距离	审批记录
	航路点位置	航向	航程						
01	36 02.0N/120 18.0E	103	25	25	5 465		12351		
02	35 56.2N/120 46.0E				5 440		12339		
		158	14	39					
03	35 43.0N/120 52.0E				5 426		12339		
		117	272	311					
04	33 36.0N/125 52.0E				5 154		3480		
		090	30	341					
05	33 36.0N/126 30.0E				5 124		3365		
		071	120	461					
06	34 15.0N/128 42.0E				5 004		127	Hong Do B/000 D/17	
		037	42	503					
07	34 48.0N/129 15.0E				4 962				
		053	648	1 151					
08	41 15.0N/140 00.0E				4 314		2347		
		061	47	1 198					
09	41 38.0N/140 55.0E				4 267		1800	Bentern Shima LH B/000 D/10'	
		095	95	1 293					
11	41 30.0N/143 00.0E				4 172		1803	Start GC	
		060	360	1 653					
12	44 30.0N/150 00.0E				3 812		4511		
		067	450	2 103					
13	47 30.0N/160 00.0E				3 362		4522		

续表

编号	从一航路点到另一航路点		累计航程	剩余航程	预计转向时间	关系海图	转向目标方位、距离	审批记录
		073	410	2 513				
14	49 30.0N/170 00.0E			2 952		4522		
		076	120	2 633				
15	50 00.0N/170 40.0E			2 832		4522		
		090	1020	3 653				
16	50 00.0N/160 00.0W			1 812		4805		
		109	420	4073				
17	47 40.0N/150 00.0W			1 392		4805		
		110	460	4 533				
18	45 20.0N/140 00.0W			932		4806		
		119	530	5 063				
19	41 20.0N/130 00.0W			402		4806		
		123	360	5 423				
20	38 00.0N/123 30.0W			42		2530	End of GC	
		090	12	5 435				
21	38 00.0N/123 15.0W			30		229		
		121	30	5 465				
22	37 45.0N/122 40.0W S. Francisco P/STN			0		229		

6. 本航次海区重要记事

海区重要记事	审批记录
1. 该航线从引航站到引航站的海区内最浅水深处在什么位置？该航线附近主要有哪些礁石等碍航物存在？查阅有关资料，说明航经这些海区时的注意事项。	
1. 由青岛至朝鲜海峡之间的黄海水域中，本航线附近有暗礁苏岩礁，应特别引起注意。 2. 在朝鲜半岛与济州岛之间航线两侧，有两处浅点，距航线较近。同时，该海区通航密度较大，渔船较多，避让中应特别注意航线两侧附近的浅水区和浅水点。	
2. 该航线的海区内是否有分道通航区和定线制区域？是否有禁止航行区域？查阅有关资料，说明航经这些海区时的航行方法？	
青岛港由团岛至朝连岛为分道通航，为规定航线。航线南侧为禁航区。航行中注意遵守有关航行规则，不要偏离航线，进入禁航区内。	
3. 该航线海区内是否有狭水道、交通密集或渔船密集区域？查阅有关资料，说明航经这些海区时的航行方法和注意事项。	

续表

海区重要记事	审批记录
1. 朝鲜海峡岛屿较多,浅点较多,渔船密集,通航密度较大,航行中应注意了望,勤测船位,保持在计划航线上。在船舶避让中,应注意距航线附近岛屿与浅点的安全距离。 2. 日本津轻海峡流速较急,航行中应注意测定船位,正确的使用适当的流压差,保持在航线上航行。	
4. 该航线的航区内有哪些主要陆标可供定位使用?你认为哪些海区的海图及其他航海资料描述不够详尽,存在一定不可信度?查阅有关资料,说明注意事项和处理方法。	
青岛港附近的大公岛、朝连岛、朝鲜海峡中的韩国济州岛、红岛等,以及津轻海峡 Bentern Shima 灯塔等,都是测定船位的良好物标。	
5. 该航线的海区内有哪一些无线电报告点?根据船舶本身的条件并查阅有关资料,说明报告的内容和程序,并在有关海图上进行标注。	
1. 青岛港执行 VTS 管理,在通过大公岛与小公岛连线时,应用 VHF 向青岛 VTS 进行报告。报告内容为船舶名称、呼号、位置、动向、特殊情况。 2. 旧金山由进口灯浮至引水站为船舶定线并分道通航,应按章进行相关报告。	
6. 该季节航行在该航线的海区内会遇到哪些恶劣天气?根据船舶本身的条件并查阅相关资料,说明注意事项和具体措施。在本航线的海区内,还应该注意哪些问题?表明你的观点。	
本航线基本上全部在北半球中、高纬度航行,六月份北太平洋中高纬度风浪不是太大,应是一年中的良好天气阶段,但是,从中国沿海开始,包括日本海,北太平洋,几乎全是雾季,尤其是从津轻海峡直到旧金山的整个洋区,给船舶航行带来了极大的不便。在雾中航行应严格遵守避碰规则中的雾航规定,确保航行安全。	

任务训练四 青岛至鹿特丹航线设计

青岛至鹿特丹航线(大洋恒向线复合航线)

散货船"天山"轮,总长 225.80 米,船宽 32.20 米,载重吨 68 450 吨,第 12 航次,装载散粮 61 500 吨前吃水 12.50 米,后吃水 12.70 米,燃油消耗量 32 吨/天,航速 14.5 节,预计于 2010.03.24 当地时间 1800 时,由中国青岛港开航驶往荷兰鹿特丹港。设计一条由青岛至鹿特丹的合理航线。

青岛至鹿特丹,属跨洋航线,经太平洋、印度洋、地中海、大西洋,同时,又经新加坡-马六甲海峡、直布罗陀海峡、英吉利海峡、苏伊士运河,是一条典型的集大洋航线,近海航线、狭水道、运河、沿岸航线为一体的、多种航法的大洋恒向线复合航线。

步骤一,抽选航用海图。

根据出发港青岛和目的港鹿特丹所在地理位置及航线所经海区,利用英版《海图及航海出版物目录》抽选相应海图。

(1) 根据卷首目录。

从目录第一部分 Introduction 中,查得海图索引分区在第3页。

从目录第二部分 Nautical Chart 中查得航行计划图 AA 部分在第14页,世界总图 A 在第14~15页,小比例尺图 A1 在第16~17页。

(2) 根据地理位置,青岛在亚洲,属太平洋西岸,鹿特丹在欧洲,属北大西洋东岸,两港之间相隔印度洋和地中海。因此,从第14页 Planning Charts 中,抽选包含上述海区的计划总图4016(东北大西洋至西太平洋包括地中海和印度洋)

根据大洋航路的推荐航线或习惯航线,在4016图上,确定青岛至鹿特丹航线的大体走向及所经航区为中国黄海、东海、南海、经新加坡、马六甲海峡、北印度洋、亚丁湾、红海、苏伊士运河、地中海、直布罗陀海峡、东北大西洋、英吉利海峡、北海至鹿特丹。

(3) 根据航线所经航区,从第3页海图索引分区图中,查取所经海图分区代码,依次为:K1、K、J3、J、I1、I、H1、H2、F、E2、E1、E、B、B2、D。

(4) 在总目录第14~15页 A,大洋总图即 The World—General Charts of The Ocean 中和第16~17页 A1 小比例尺海图中,抽选总图及相应小比例尺海图,4052、4508、4071、4701、4300、4103、4140 用于作具体的航行计划和绘画航线。

(5) 由于印度洋中有一部分没有航行用图,因此,在总目录第16~17页 A1 小比例尺海图中,抽选相应部分的相应小比例尺海图,航行中与空白海图一起结合使用,作为空白图的参考,为:4703。

(6) 按照查取的海图索引分区代码,分别查取航线所用航用图。

在 K1 区中,抽选青岛至长江口的航用图,依次为:876、1253、3480。

在 K 区中,抽选长江口至台湾海峡航行用图,依次为:2412、1754、1761、1760、1968、3489。

在 J3 区中,抽选 3483、3482。

在 J 区中抽选 2869。

在 I1 区中抽选 2403。

在 I2 区中抽选 3831、3833。

再在 I1 区中抽选 3947、3946、1353、2777。

在 I 区中抽选 827、828。

在 H1 区中抽选 709、2970、6。

在 H2 区中抽选 157、158、159、2376、2374、2373、2133、3214、233。

在 F 区中,抽选 241、2576、2574、3400、3401183、176。

在 E2 区中,抽选 165、2123、2122。

在 E1 区中,抽选 2121、252、1919、1909、2437、773。

在 E 区中,抽选 142、91、3636、3635、3634、3633、1104。

在 B 区中,抽选 2643、2644、2656。

在 B2 区中,抽选 2451、1892、323、1872、110、122、132。

(7) 由此,青岛港至鹿特丹港所需全部海图抽选完毕,依次如下。

总图:4052、4508、4071、4701、4300、4103、4140。

分图:876、1253、3480、2412、1754、1761、1760、1968、3489、3483、3482、2869、2403、3831、3833、3947、3946、1353、2777、827、828、709、2970、6、157、158、159、2376、2374、2373、2133、3214、233、241、2576、2574、3400、3401、183、176、165、2123、2122、2121、252、1919、1909、2437、773、142、91、3636、3635、3634、3633、1104、2643、2644、2656、2451、1892、323、1872、110、122、132。

步骤二,抽选专用海图。

因为该航线不走大圆航线,所以不需抽选大圆海图。

但在印度洋一部分要用到空白海图,所以,在卷首目录中第3部分 专用海图即 The Matic Chart 中,空白海图在第140页,大洋航路图在第137页。

因此,在第137页大洋航路图中,抽选5126(印度洋)、5124(北大西洋)相关月份航路图。

在第140页空白海图中抽选相应纬度范围内的空白海图,即5340、(纬度6～12)、5341(纬度12～18)。

步骤三,航海资料的抽选。

在英版《海图及航海出版物目录》中,抽选相应的航海资料。

(1) 首先在《总目录》的卷首目录第4部分,航海出版物(NAUTICAL PUBLICATIONS)中,查得:

英版《无线电信号表》在第141页。

英版《航路指南》在第142～143页。

潮汐出版物在第144页。

英版《灯标与雾号表》在第145页。

因此在第141页无线电信号表中,根据航线所经航区,抽选无线电信号表的第一卷第1、第2两册。

NP 281(1、2)。

第二卷 NP282。

第三卷第1、第2两册 NP283(1、2)。

第四卷 NP284。

第五卷 NP285、第六卷第4、第3、第2、和第1,共4册。NP286(1、2、3、4)。

(2) 在第142～143页航路指南中,抽选航路指南第32卷、30卷、44卷、38卷、64卷、49卷、45卷、67卷、22卷、27卷、55卷。

(3) 在第145页《灯标与雾号信号表》中,按航线航区抽选F卷、D卷、A卷。

(4) 在潮汐出版物中,抽选第4卷、第3卷、第1卷即 VOL 4(NP204、203、201)

步骤四,对相关海图和图书资料进行改正。

根据航海通告的改正内容,对航次所用的相关海图和图书资料进行全部相关改正。

(略)

步骤五,分析研究航海资料。

本航线航程较长,航行时间亦较长,根据本轮给出的航速,以及开航的时间,由青岛至鹿特丹航行时间需一个多月,因此,路途中航行的时间为3~4月份。这个季节,对于北半球来讲,无论是太平洋、印度洋还是大西洋,都是航海的黄金季节。就中国沿海及南海航区而言,东北季风已经结束。西南季风尚未开始。因此,在中国沿海及南海海域,不会有大的风浪。

印度洋一段,仍在东南信风季节,西行航线为顺风航行,西南季风尚未开始,且航行纬度不高,根据大洋航路推荐航线,此季节由马六甲海峡至亚丁湾的北印度洋航线宜走8度水道(Eight Degrees Channel)。

近年来,亚丁湾海盗猖獗,虽然现在在此海域有国际护航舰队,但船舶被索马里海盗劫持的事件还是不断发生,因此,在航线设计上,在此海区,应尽量距索马里沿岸远些,当由北印度洋进入亚丁湾时,以取道苏克特拉岛以北为宜。

红海,因周围基本是沙漠地区,常年气温较高,海陆风现象比较明显,但一般不会太大,六级以上风很少见,同时,一般情况下,风浪天气不多。

根据开航时间,当进入地中海时,已是4月中下旬,此时的地中海航区,强劲的东北季风已经过去,整个地中海地区风浪不大。

船舶由地中海经直布罗陀海峡进入北大西洋后,春末夏初的北大西洋,由西北大西洋纽芬兰地区过来异常活跃的强温带气旋已进入尾声,同地中海海区一样,也开始了一年当中的黄金季节,一般不会有异常恶劣的天气。只是英吉利海峡和北海海域开始进入了一年当中的浓雾季节。

步骤六,根据航海资料,在总图上设计绘画航线。

从青岛至鹿特丹的航线,基本上可分为五部分来进行设计。

第一部分,由青岛至新加坡,包括中国黄海、东海、南海海区。

第二部分,由新加坡至亚丁湾,包括新加坡—马六甲海峡,北印度洋、和亚丁湾。

第三部分,由亚丁湾至苏伊士运河,包括红海和苏伊士湾及苏伊士运河。

第四部分,由苏伊士北端港口塞得港至直布罗陀海峡,即地中海海区。

第五部分,由直布罗陀海峡至鹿特丹,即北大西洋及英吉利海峡航区。

查英版《世界大洋航路》相关部分:

对于第一部分,由青岛至新加坡,可由青岛出港后,按照常规航线,由青岛航至长江口。然后,接入大洋航路中由上海至新加坡的推荐航路,经台湾海峡,或台湾岛以东,经巴士海峡,然后经中国南海的推荐航线,经新加坡海峡至新加坡。

对于第二部分,由新加坡至亚丁湾的印度洋航区,按推荐航线,新加坡-马六甲海为沿海航线,经马六甲海峡进入印度洋后,按照推荐航线中的10月份至次年4月份的推荐航线,经斯里兰卡南端,经八度水道,然后,为了防止索马里海盗,取道苏克特拉岛(Suqutra)以北,经亚丁湾,由曼德海峡进入红海。

对于第三部分,由亚丁湾至苏伊士运河的红海航线,是由红海南端入口处的曼德海峡至北端的苏伊士湾,几乎以红海中心南北方向的主轴线作为主要航线,没有第二条可供选择的更好的航线可走。红海北端接苏伊士湾。由苏伊士湾直达苏伊士港,然后参加苏伊士运河的编队,通过苏伊士运河。

第四部分,为过运河后,由苏伊士运河北端港口塞得港至直布罗陀海峡的地中海航线,过河后,由塞得港下引水后,出运河航道,然后,转向西北,经马耳他与意大利的西西里岛之间,突尼斯东北角转向西行,沿北非大陆北部沿海,直至直布罗陀海峡,经直布罗陀海峡进入北大西洋。

第五部分,出直布罗陀海峡后,经西班牙和葡萄牙沿海,过比斯开湾,经韦桑岛转向,经英吉利海峡进入北海,直至鹿特丹。

在本航线中,其中新加坡-马六甲海峡、苏伊士湾及苏伊士运河、英吉利海峡等航段为沿岸航行,并且都是船舶定线制,实行通航分道。同时,新加坡—马六甲海峡和英吉利海峡实行VTS管理,且实行船舶报告制度。因此,在新加坡—马六甲海峡、苏伊士湾及英吉利海峡中的航线,应按船舶定线制的通航分道,在相应的通航分道内按船舶总流向航行。

步骤七,将航线从总图上转移到航行图上当总的航线在总图上设计完成以后,需要将航线全部转移到航行用图上。转移的方法有以下两种。

(1)先将每个航路点按照经纬度,逐一转移到航行分图上,然后,将相邻两个航路点用航线连接。并进行航向标注。

(2)先将第一个航路点转移到分图上,然后从该点画出至下一个航路点的航线,在此航线上,按经纬度截取下一个航路点。然后,再从此航路点画出下一个航线,依次完成。

(3)注意,当将航线从总图上转移到分图上后,要仔细的将全部分图的航线与总图逐一核查,对照,查看是否相符,防止在转移过程中出现错误。

步骤八,填写航线设计报告。

中华人民共和国海船船员适任证书全国统考

航线设计报告
REPORT OF PASSAGE PLAN

专　　业:航海技术	申考职务:　类　　等
评估项目:航线设计	评估时间:
准考证号:	
评估成绩:	评估员

报告内容及作业要求

一、报告内容

（一）设计一条航线

按照有关要求提供有关航行、定位的措施。

（二）航线设计的内容

(1) 熟悉船舶主要数据，如船长、航次船宽、吨位、吃水、船速、燃油及淡水消耗、航海仪器、船员技术水平等。

(2) 结合本船情况分析研究相关航海资料。

(3) 确定计划航线，并提供情报确定的依据。

(4) 经过反复推敲，将最后确定的航线画在相关的总图和航海图上。

(5) 认真填写要求的各表。

二、作业要求

（一）信息充分

选择的海图、出版物齐全、适用。

（二）航线安全

(1) 航线与孤立危险物、水下障碍物安全距离选择合适。

(2) 航线离岸距离选择合适。

(3) 航线避离禁区、避航区、过境船舶避免进入沿岸通航带等。

(4) 正确进入、使用、穿越通航分道。

(5) 正确使用深水航路。

(6) 正确处理海图水深不完整。

(7) 定位与转向时机合适，转向点选择合适。

(8) 推荐航线的使用。

（三）航线经济

(1) 转向点设置合理，没有明显绕航。

(2) 航程与推荐航程的比较，差异合理。

(3) 利用推荐航线或经验航线而充分考虑风流等因素。

（四）作业准确

（1）航向、方位度量准确，误差小于 0.5 度。
（2）里程度量准确，误差小于总航程的 1‰。
（3）接图点、转向点度量准确，经、纬度误差小于最小刻度的 1/2。

（五）作业完整

（1）总图、航行图或大比例尺海图上的航线完整。
（2）海图上标注转向点编号，经、纬度、航段里程、剩余里程等。
（3）海图标注位置恰当，不影响识读或不掩盖海图信息。
（4）在规定的时间内完成作业。
（5）在规定的时间内完成报告书。

（六）作业美观

（1）航线线条粗细适中。
（2）海图标注位置得当、文字规范清晰。
（3）海图纸面整洁。
（4）作业过程有序，海图、资料、工具等摆放整齐。

1. 航线主要数据

船名	天 山		航次 12 M.V		TIAN SHAN	Voyage No. 12	
船舶规范	船舶总长 225.80 米 L.O.A		船宽 32.20 米 Beam			载重量（吨）	68 450 吨 DWT
	货物粮货物重量 61 500 吨 Cargo					Cargo Weight	
	燃油消耗量（吨/天） 32 吨/天 F.O Consumption per day					航速	14.5 节 Speed
	离港吃水前 12.50 米后 12.70 米 Departure draft F A						
出发港：	青岛 Departure Qingdao			目的港	鹿特丹 Destination Rotterdam		
出发港引航站 P/STN of Departure	位置 Position 到泊位距离 Distance from the Berth						
航程 Distance	从引航站到引航站 FM the P/STN to P/STN						
航行时间 Sailing Time	从引航站到引航站 FM P/STN to P/STN						
目的港引航站 P/STN of Destination	位置 Position 到泊位距离 Distance to the Berth						

续表

船名：天山		航次 12 M.V TIAN SHAN		Voyage No. 12
离港时间 Departure Time	离开泊位时间 2010.03.24 1800 时 Departure Time from the Berth			
预计抵港时间 ETA	预计抵目的港引水站时间 ETA to P/STN			
潮汐 Tide	出港时潮高 Tide of the Departure			
	抵港时潮高 Tide of the Destination			
法定时 Legal Time	出发港 GMT＋8 Departure		目的港 GMT＋2 Destination	
船时调整 Time Adjustment	拨快/√拨慢 Aavance/to Bach 天 Days		6 小时 Hours 增加/减少 Add/Less	
途经主要海区域 Main Erea of Route	中国黄海东海、南海、新加坡-马六甲海峡、北印度洋、红海、苏伊士运河、地中海、北大西洋、英吉利海峡、北海			
审批记录 Remarks：				

2. 选择和确定计划航线（Select and Determine Route）

青岛港开航，经中国黄海、东海、台湾海峡（或台湾岛以东）进入南海，经中沙群岛和西沙群岛之间的主航线，至新加坡海峡东口，经新加坡—马六甲海峡，进北印度洋，由韦岛转向，至斯里兰卡南端，然后经八度水道、苏克特拉岛以北西行进亚丁湾，然后，经曼德海峡进入红海，经苏伊士湾至苏伊士，编队通过苏伊士运河，进入地中海。通过运河后，出了运河北端的塞得港航道转向西北，经马耳他与意大利的西西里岛之间，经突尼斯东北角转向本行，沿利比亚、阿尔及利亚、摩洛哥沿岸，经直布罗陀海峡进入大西洋，沿西班牙和葡萄牙西海岸北上，过比斯开湾，至韦桑岛转向东北，进入英吉利海峡，沿通航分道，过多佛尔海峡进入北海，然后，直驶鹿特丹。

审批记录 Remarks：

注：说明所拟定航线的性质、确定依据和重要航路点情况，并在小比例尺海图上确定航线。

3. 有关航海图书资料、信息一览表（Publication/Information to be used）

名 称 Title	序 号 No.	书号 NP	书 名 Name of the Publications	出版年月 Date of Published	备 注 Remarks
航路指南 Sailing Directions	1	32			
	2	30			
	3	44			
	4	38			
	5	64			

续表

名 称 Title	序 号 No.	书号 NP	书 名 Name of the Publications	出版年月 Date of Published	备 注 Remarks
	6	49			
	7	45			
	8	67			
	9	22			
	10	27			
	11	55			
潮汐表 Tide Table	1	204			
	2	203			
	3	201			
	4				
灯标与雾号标表 List of Light and Fog Signals	1		F		
	2		D		
	3		A		
	4				
	5				
	6				
港口信息 Port Informations	1				
	2				
	3				
无线电信号表 List of Radio Signals	1	281(1、2)			
	2	282			
	3	283(1、2)			
	4	284			
	5	285			
	6	286(1、2、3、4)			

续表

名 称 Title	序 号 No.	书号 NP	书 名 Name of the Publications	出版年月 Date of Published	备 注 Remarks
海员手册、船舶定线等其他有关资料 Mariner's Handbook, Ship's Routing and Others	1				
	2				
	3				
	4				
	5				
航行警告 接收 Navigation Warning/ Weather Report	1				
	2				
	3				
审批记录 Remarks					

注：备注栏中可填写航海图书用途、存废等简要情况。

4. 所用总图、洋流图及航用海图一览表(Nautical Charts to be Used)

序号 No.	图号 Charts No.	图 名 Title	比例尺 Scale	出版年月 Date of Published	备 注 Remarks
总 图					
01	4052				
02	4508				
03	4071				
04	4701				
05	4300				
06	4103				
07	4140				
分 图					
01	876				
02	1253				
03	3480				

续表

序号 No.	图号 Charts No.	图名 Title	比例尺 Scale	出版年月 Date of Published	备注 Remarks
04	2412				
05	1754				
06	1761				
07	1760				
08	1968				
09	3489				
10	3483				
11	3482				
12	2869				
13	2403				
14	3831				
15	3833				
16	3947				
17	3946				
18	1353				
19	2777				
20	827				
21	828				
22	709				
23	2970				
24	6				
25	157				
26	158				
27	159				
28	2376				
29	2374				
30	2373				
31	2133				
32	3214				
33	233				
34	241				
35	2576				

续表

序号 No.	图号 Charts No.	图名 Title	比例尺 Scale	出版年月 Date of Published	备注 Remarks
36	2574				
37	3400				
38	3401				
39	183				
40	176				
41	465				
42	2123				
43	2122				
44	2121				
45	252				
46	1919				
47	1909				
48	2437				
49	773				
50	142				
54	91				
55	3636				
56	3635				
57	3634				
58	3633				
59	1104				
60	2643				
61	2644				
62	2656				
63	2451				
64	1892				
65	323				
66	1872				
67	110				
68	122				
69	132				
大洋航路图					

续表

序号 No.	图号 Charts No.	图名 Title	比例尺 Scale	出版年月 Date of Published	备注 Remarks
01	5126(3)				
02	5124(4)				
审批记录 Remarks					

注：备注栏中可填写海图性质、存废等简要情况。

5. 航线表（List of Route）

编号	从一航路点到另一航路点			累计航程	剩余航程	预计转向时间	关系海图	转向目标方位、距离	审批记录
	航路点位置	航向	航程						

注：航程的累计为从引水站到引水站，预计转向栏只计算和填写主要转向点的预计时间。

6. 本航次海区重要记事

海区重要记事	审批记录
1. 该航线从引航站到引航站的海区内最浅水深处在什么位置？该航线附近主要有哪些礁石等碍航物存在？查阅有关资料,说明航经这些海区时的注意事项。	
2. 该航线的海区内是否有分道通航区和定线制区域？是否有禁止航行区域？查阅有关资料,说明航经这些海区时的航行方法？	
3. 该航线海区内是否有狭水道、交通密集或渔船密集区域？查阅有关资料,说明航经这些海区时的航行方法和注意事项。	
4. 该航线的航区内有哪些主要陆标可供定位使用？你认为哪些海区的海图及其他航海资料描述不够详尽,存在一定不可信度？查阅有关资料,说明注意事项和处理方法。	
5. 该航线的海区内有哪一些无线电报告点？根据船舶本身的条件并查阅有关资料,说明报告的内容和程序,并在有关海图上进行标注。	
6. 该季节航行在该航线的海区内会遇到哪些恶劣天气？根据船舶本身的条件并查阅相关资料,说明注意事项和具体措施。在本航线的海区内,还应该注意哪些问题？表明你的观点。	

任务训练五　青岛至马山航线设计

青岛(中国)至马山(韩国)(Qingdao in China to Masan in Korea)(近海航线)。

散货船"天山"轮,总长 225.80 米,船宽 32.20 米,载重吨 68 450 吨,第 12 航次,装载散粮 61 500 吨前吃水 12.50 米,后吃水 12.70 米,燃油消耗量 32 吨/天,航速 14.5 节,预计于 2005.06.13 当地时间 1800 时,由青岛开航驶往马山的合理航线。

由青岛至马山,虽然距离近,所经海区较少,属于近海航线。但其航线设计的方法步骤与长航线相同。

步骤一,抽选航用海图。

根据出发港和目的港所在地理位置及航线所经海区,利用英版《海图及航海出版物目录》抽选相应海图。

(1) 根据卷首目录。

从目录第一部分 Introduction 中,查得海图索引分区在第 3 页。

从目录第二部分 Nautical Chart 中查得航行计划图 AA 部分在第 14 页,世界总图 A 在第 14～15 页,小比例尺图 A1 在第 16～17 页。

(2) 根据地理位置,青岛在黄海西岸,马山在黄海东岸的朝鲜半岛的东南部,距青岛较近,因此,航线设计图 Planning Chart 由于比例尺太小,因此,对本航线的设计不适用,所以无需抽选航线设计图。

(3) 根据航线所经航区,从第 3 页海图索引分区图中,查取所经海图分区代码,依次为 K1、L、L1。

(4) 同时,在总目录第 14～15 页 A,大洋总图即 The World—General Charts of The Ocean 对本航线来讲,同样是比例尺太小,所以也没有必要抽选大洋总图。

(5) 在总目录第 16～17 页 A1 小比例尺海图中,抽选相应小比例尺海图 4509 作为航线设计的总图。

(6) 按照查取的海图索引分区代码,分别查取航线所用航用图。

在 K1 区中,抽选青岛至朝鲜海峡的航用图,依次为 876、1253、12339、3480、3365。

在 L 区中,抽选朝鲜海峡至马山港航行图 127。

在 L1 中,抽选马山港附近大比例尺海图及港图 1605、1259。

(7) 由此,青岛港至马山港所需全部海图抽选完毕,依次如下。

总图:4509。

分图:876、1253、12339、3480、3365、127、1065、1059。

步骤二,抽选专用海图。

因为本航线为近海航线,不需要大圆航行,因此不需大圆海图。同时,近海航线,都有合适比例尺的航行图和沿岸图,故也用不到空白图,因此,为了了解本航线所经海区的洋流情况,只需抽选相应的航路图(Routing Chart)即可。所以,在卷首目录中第 3 部分 专用海图即 The Matic Chart 中查大洋航路图 Routing Chart 在第 137 页。

在第 137 页大洋航路图中,抽选 5127(北太平洋)相关月份航路图。如 5127(6)。

步骤三,航海资料的抽选。

在《英版海图与航海图书总目录》中,抽选相应的航海资料。

(1) 首先在《总目录》的卷首目录第 4 部分,航海出版物(Nautical Publications)中,查得:

英版《无线电信号》表在第 141 页。

英版《航路指南》在第 142～143 页。

潮汐出版物在第 144 页。

英版《灯标与雾号》表在第 145 页。

因此在第 141 页《无线电信号表》中,根据航线所经航区,抽选无线电信号表的第一卷第 2 本 NP 281(2)、第二卷 NP282、第三卷第 2 本 NP283(2)、第四卷 NP284、第五卷

NP285、第六卷第 6 本 NP286(6)。

(2) 在第 142～143 页航路指南中,抽选航路指南第 32 卷 NP32、43 卷 NP43。

(3) 在第 145 页《灯标与雾号信号表》中,按航线航区抽选 F 卷 NP79、M 卷 NP85。

(4) 在潮汐出版物中,抽选第 4 卷,即 VOL 4(NP204)。

步骤四,对相关海图和图书资料进行改正。

根据航海通告的改正内容,对航次所用的相关海图和图书资料进行全部相关改正。(略)

步骤五,查阅研究相关资料。

如若对此航线不熟悉,或首次在此航线上航行,在进行具体的航线设计和绘画之前,对相关资料的查阅和研究是非常必要的。可供查阅和研究的资料主要有《世界大洋航路》和《大洋航路图》。

《世界大洋航路》中对航线的介绍比较具体和全面,而《大洋航路图》看起来更比较直观。

步骤六,在总图上,进行具体航线设计及绘画。

由海图 3840 可看出,海图 3840 包括已经包括了从青岛至马山的整个航区,因此,为了更清楚,更准确地选择和绘画航线,可以将航行图 3840 作为总图,在上面直接设计和绘画航线。这样,比使用 4509 作为总图,更清楚,更准确。

具体航线与航路点如下:

由青岛港引水站 36 02.0N/120 18.5E 下引水后,一按出港规定航线—C/103(D/35)航至规定转向点 35 56.2N/120 46.6E。然后,再按规定航线 C/158(D/12)航至 35 43.0 N/120 52.0 E,然后—RL/117(D/272) TO 33 36.0N/125 52.0E—C/090(D/30) TO 33 36.0N/126 30 0E—C/ 070(D/60) TO 33 54.0N/ 127 35.0E(Habaek To LH B/000,D/9)—C/055(D/78) TO 34 38.5N/128 51.0E(Pungya Do LH B/300,D/4)—C/355(D/16) TO 34 57.0N/128 49.0E(Masan P/STN)

步骤七,将在总图上设计好的航线,转移到相关的航行图上。

当总的航线在总图上设计完成以后,需要将航线全部转移到航行用图上。转移的方法有两种。

(1) 先将每个航路点按照经纬度,逐一转移到航行分图上,然后,将相邻两个航路点用航线连接,并进行航向标注。

(2) 先将第一个航路点转移到分图上,然后从该点画出至下一个航路点的航线,在此航线上,按经纬度截取下一个航路点,然后,再从此航路点画出下一个航线,依次完成。

注意,当将航线从总图上转移到分图上后,要仔细的将全部分图的航线与总图逐一核查,对照,是否相符,防止在转移过程中出现错误。

步骤八,填写航行计划报告书。

中华人民共和国海船船员适任证书全国统考

航线设计报告
REPORT OF PASSAGE PLAN

专　　业:航海技术	申考职务：　类　　等
评估项目:航线设计	评估时间：
准考证号：	
评估成绩：	评估员：

报告内容及作业要求

一、报告内容

(一) 设计一条航线

按照有关要求提供有关航行、定位的措施。

(二) 航线设计的内容

(1) 熟悉船舶主要数据,如船长、航次船宽、吨位、吃水、船速、燃油及淡水消耗、航海仪器、船员技术水平等。

(2) 结合本船情况分析研究相关航海资料。

(3) 确定计划航线,并提供情报确定的依据。

(4) 经过反复推敲,将最后确定的航线画在相关的总图和航海图上。

(5) 认真填写要求的各表。

二、作业要求

(一) 信息充分

选择的海图、出版物齐全、适用。

(二)航线安全

(1) 航线与孤立危险物、水下障碍物安全距离选择合适。
(2) 航线离岸距离选择合适。
(3) 航线避离禁区、避航区、过境船舶避免进入沿岸通航带等。
(4) 正确进入、使用、穿越通航分道。
(5) 正确使用深水航路。
(6) 正确处理海图水深不完整。
(7) 定位与转向时机合适,转向点选择合适。
(8) 推荐航线的使用。

(三)航线经济

(1) 转向点设置合理,没有明显绕航。
(2) 航程与推荐航程的比较,差异合理。
(3) 利用推荐航线或经验航线而充分考虑风流等因素。

(四)作业准确

(1) 航向、方位度量准确,误差小于0.5度。
(2) 里程度量准确,误差小于总航程的1‰。
(3) 接图点、转向点度量准确,经纬度误差小于最小刻度的1/2。

(五)作业完整

(1) 总图、航行图或大比例尺海图上的航线完整。
(2) 海图上标注转向点编号,经、纬度、航段里程、剩余里程等。
(3) 海图标注位置恰当,不影响识读或不掩盖海图信息。
(4) 在规定的时间内完成作业。
(5) 在规定的时间内完成报告书。

(六)作业美观

(1) 航线线条粗细适中。
(2) 海图标注位置得当、文字规范清晰。
(3) 海图纸面整洁。
(4) 作业过程有序,海图、资料、工具等摆放整齐。

1. 航线主要数据

船名：	天山	12 M.V TIAN SHAN		Voyage No.12	
船舶规范	船舶总长 225.80 米 L.O.A		船宽 32.20 米 Beam		载重量（吨） 68 450 MT DWT
	货物粮货物重量 61 500 MT Cargo				Cargo Weight
	燃油消耗量（吨/天） 32 MT/D F.O Consumption per day				航速 14.5 Speed
	离港吃水 前 12.50 米 后 12.70 米 Departure draft F A				
出发港：青岛 Departure Qingdao			目的港 马山 Destination Masan		
出发港引航站 P/STN of Departure	位置 Position 36 02.0N/120 18.5E 到泊位距离 Distance from the Berth 5				
航程 Distance	从引航站到引航站 503 FM the P/STN to P/STN				
航行时间 Sailing Time	从引航站到引航站 1 D 11 H FM P/STN to P/STN				
目的港引航站 P/STN of Destination	位置 Position 34 57.0N/128 49.0E 到泊位距离 Distance to the Berth				
离港时间 Departure Time	离开泊位时间 2005.06.13 1800 Departure Time from the Berth				
预计抵港时间 ETA	预计抵目的港引水站时间 ETA to P/STN 2005.06.15 0500				
潮汐 Tide	出港时潮高 Tide of the Departure				
	抵港时潮高 Tide of the Destination				
法定时 Legal Time	出发港 GMT＋8 Departure			目的港 GMT＋9 Destination	
船时调整 Time Adjustment	√拨快/拨慢 Aavance/to Bach 1 小时 Hours 增加/减少 Add/Less 天 Days				
途经主要海区域 Main Erea of Route	黄海、朝鲜海峡、日本海				
审批记录 Remarks：					

2. 选择和确定计划航线 (Select and Determine Route)

由青岛港下引水后,按照规定航线驶至规定转向点后,经黄海,朝鲜海峡,至马山港引水站。
审批记录 Remarks:

注:说明所拟定航线的性质、确定依据和重要航路点情况、并在小比例尺海图上确定航线。

3. 有关航海图书资料、信息一览表 (Publication/Information to be used)

名 称 Title	序号 No.	书号 NP	书名 Name of the Publications	出版年月 Date of Published	备 注 Remarks
航路指南 SailingDirectoons	1	NP32	*China Sea Pilot Vol III*	2007.06	
	2	NP43	*South and East Coast of Korea, East Coast of Siberia and Sea of Okihotsk Pilot*	2008.08	
	3				
	4				
	5				
	6				
	7				
	8				
	9				
	10				
潮汐表 Tide Table	1	NP204			
	2				
	3				
	4				
灯标表 List of Light	1				
	2				
	3				
港口信息 Port Informations	1				
	2				
	3				
无线电信号表 List of Radio Signals	1	NP281(2)	*Admiralty List of Radio Signals Vol.1(2)*		

续表

名　称 Title	序号 No.	书号 NP	书名 Name of the Publications	出版年月 Date of Published	备　注 Remarks
	2	NP282	*Admiralty List of Radio Signals Vol. 2*		
	3	NP283(2)	*Admiralty List of Radio Signals Vol. 3(2)*		
	4	NP284	*Admiralty List of Radio Signals Vol. 4*		
	5	NP;285	*Admiralty List of Radio Signals Vol. 5*		
	6	NP286 (4)(5)	*Admiralty List of Radio Signals Vol. 6(6)*		
	7				
海员手册、船舶定线等其他有关资料 Mariner's Handbook, Ship's outing and Others	1				
	2				
	3				
	4				
	5				
	6				
	7				
航行警告接收 Navigation Warning /Weather Report	1				
	2				
	3				
	4				
	5				
	6				
审批记录 Remarks					

注：备注栏中可填写航海图书用途、存废等简要情况。

4. 所用总图、洋流图及航用海图一览表（Nautical Charts to be Used）

序号 No.	图号 Charts No.	图名 Title	比例尺 Scale	出版年月 Date of Published	备注 Remarks
01	876	Qingdao Gang and Approaches	1:30 000	Oct. 2007	2007.10
02	1253	Lianyungang to Qingdao Gang	1:300 000	Apr. 2006	2006.04
03	3480	Yellow Sea and Korea Strait	1:1 200 000	Jul. 1985	1985.07
04	3365	Komundo To taehuksan Kundo and cheju do	1:250 000	May. 2004	2004.03
05	127	Korea Strait	1:300 000	Mar. 2002	2002.03
06	1065	Approaches to Masan, Pusan and Ogpo hang	1:75 000	Nov. 2006	2006.11
07	1259	Pusan and Masan	1:20 000	Jan 2007	2007.01

审批记录 Remarks

注：备注栏中可填写海图性质、存废等简要情况。

5. 航线表(List of Route)

编号	从一航路点到另一航路点			累计航程	剩余航程	预计转向时间	关系海图	转向目标方位、距离	审批记录
	航路点位置	航向	航程						
01	36 02.0N/120 18.0E Qingdao P/STN	103	35	35	503		12351		
02	35 56.2N/120 46.0E				468		12339		
		158	12	47					
03	35 43.0N/120 52.0E				456		12339		
		117	272	319					
04	33 36.0N/125 52.0E				184		3480		
		090	30	349					
05	33 36.0N/126 30.0E				154		3365		
		070	60	409					
06	33 54.0N/127 35.0E				94		127	Habaek To L. H B/000 D/9	
		055	78	487					
07	34 38.5N/128 51.0E				16		127	Pungyo Do L B/300 D/4	
		355	16	503					
08	34 57.0N/128 49.0E Masan P/STN				0		127 1065	Masan P/STN	

注:航程的累计为从引水站到引水站,预计转向栏只计算和填写主要转向点的预计时间。

6. 本航次海区重要记事

海区重要记事	审批记录
1. 该航线从引航站到引航站的海区内最浅水深处在什么位置?该航线附近主要有哪些礁石等碍航物存在?查阅有关资料,说明航经这些海区时的注意事项。	
1. 该航线最浅水深处为两端港口航道中,青岛岛港由内锚地或大港港区出港时,注意避开中沙礁,出港时务必将中沙灯船置于右舷通过出港。 2. 在由青岛港至朝鲜海峡途中的黄海一段,注意避开苏岩礁。	
2. 该航线的海区内是否有分道通航区和定线制区域?是否有禁止航行区域?查阅有关资料,说明航经这些海区时的航行方法。	

续表

海区重要记事	审批记录
1. 青岛港出港下引水后,至朝连岛一段为规定航线,且为分道路通航,必须遵守航行规则的规定。航道南侧为禁航区,且勿进入。 2. 由朝鲜海峡去马山引水站途中,韩国红岛以北一段为分道通往,若航线经此去马山,航经此段时应遵守分道通航的规定。	
3. 该航线海区内是否有狭水道、交通密集或渔船密集区域?查阅有关资料,说明航经这些海区时的航行方法和注意事项。	
1. 朝鲜海峡以及朝鲜半岛与济州岛之间,大小岛屿众多,航道较窄,且此处渔船密集,航行中应特别注意,在避让的同时,应特别注意保持与岛屿或距岸的安全距离。 2. 青岛至马山,包括黄海,朝鲜沿岸均为渔船密集区域。航行中应保持正规的瞭望,在避让中要保持良好的船艺。	
4. 该航线的航区内有哪些主要陆标可供定位使用?你认为哪些海区的海图及其他航海资料描述不够详尽,存在一定不可信度?查阅有关资料,说明注意事项和处理方法。	
本航线上,青岛沿海的大公岛、朝连岛、朝鲜海峡的下白岛、Pungnyo do 和红岛都是比较明显的良好的定位物标。	
5. 该航线的海区内有哪一些无线电报告点?根据船舶本身的条件并查阅有关资料,说明报告的内容和程序,并在有关海图上进行标注。	
本海区除了始发港与目的港的港口规定以外,没有其他的无线电报告点。	
6. 该季节航行在该航线的海区内会遇到哪些恶劣天气?根据船舶本身的条件并查阅相关资料,说明注意事项和具体措施。在本航线的海区内,还应该注意哪些问题?表明你的观点。	
6月份,西北太平洋的台风季节已经开始,并且路径开始北移,本季节本航区若无台风影响,不会有大风浪天气,但是,6月份正是黄海东海及朝鲜半岛地区的浓雾季节,且本海区自始发港至目的港渔船密集,雾中航行,应特别注意。	

任务训练六 马山至苫小牧航线设计

马山(韩国)至苫小牧(日本)(Masan in Korea to Tomakomai in Japan)(近海航线)。

散货船"天山"轮,总长225.80米,船宽32.20米,载重吨68 450吨,第12航次,装载散粮61 500吨,前吃水12.50米,后吃水12.70米,燃油消耗量32吨/天,航速14.5节,预计于2005.06.13当地时间1800时,设计韩国的马山港开航驶往日本的苫小牧港的合理航线。

由马山港至苫小牧港,全部在日本海内航行,虽然距离近,所经海区单一,属于近海航线,其航线设计的方法步骤与长航线相同。

步骤一,抽选航用海图。

根据出发港和目的港所在地理位置及航线所经海区,利用英版《海图及航海出版物目录》抽选相应海图。

(1) 根据卷首目录

从目录第一部分 Introduction 中,查得海图索引分区在第 3 页。

从目录第二部分 Nautical Chart 中查得航行计划图 AA 部分在第 14 页,世界总图 A 在第 14～15 页,小比例尺图 A1 在第 16～17 页。

(2) 根据地理位置,马山港在韩国东南部沿海的朝鲜海峡内,日本海西南海岸,在黄海西岸,苫小牧在日本海东北部的津轻海峡北岸,两港距离较近,因此,航线设计图 Planning Chart 由于比例尺太小,对本航线的设计不适用,所以无需抽选航线设计图。

(3) 根据航线所经航区,从第 3 页海图索引分区图中,查取所经海图分区代码,依次为:L1、L。

(4) 同时,在英版《海图及航海出版物目录》第 14～15 页 A,大洋总图即 The World—General Charts of the Ocean 对本航线来讲,同样是比例尺太小,所以也没有必要抽选大洋总图。

(5) 在英版《海图及航海出版物目录》第 16～17 页 A1 小比例尺海图中,抽选相应小比例尺海图 4509 作为航线设计的总图。

(6) 按照查取的海图索引分区代码,分别查取航线所用航用图。

在 L1 中,抽选马山港附近大比例尺海图及港图 1259、1065。

在 L 区中,抽选马山港至苫小牧的航行用图及苫小牧的港泊图,依次为 127、2347、2293、1800、1817、1813。

(7) 由此,青岛港至马山港所需全部海图抽选完毕,依次如下。

总图:4509。

分图:1259、1065、127、2347、2293、1800、1817、1813。

步骤二,抽选专用海图。

因为本航线为近海航线,不需要大圆航行,因此不需大圆海图。同时,近海航线,都有合适比例尺的航行图和沿岸图,故也用不到空白图,因此,为了解本航线所经海区的洋流情况,只需抽选相应的航路图(Routing Chart)即可。所以,在卷首目录中第 3 部分,专用海图即 Thematic Chart 中查大洋航路图 Routing Chart 在第 137 页。

在第 137 页大洋航路图中,抽选 5127(北太平洋)相关月份航路图。如 5127(6)。

步骤三,航海资料的抽选。

在英版《海图及航海出版物目录》中,抽选相应的航海资料。

(1) 首先在英版《海图及航海出版物目录》的卷首目录第 4 部分,航海出版物(Nau-

tical Publications)中,查得：

英版《无线电信号表》在第 141 页。

英版《航路指南》在第 142～143 页。

潮汐出版物在第 144 页。

英版《灯标与雾号表》在第 145 页。

因此,在第 141 页无线电信号表中,根据航线所经航区,抽选无线电信号表的第一卷第 2 本 NP 281(2)、第二卷 NP282、第三卷第 2 本 NP283(2)、第四卷 NP284、第五卷 NP285、第六卷第 6 本 NP286(6)。

(2) 在第 142～143 页航路指南中,抽选航路指南第 43 卷 NP43、41 卷 NP41。

(3) 在第 145 页灯标与雾号信号表中,按航线航区抽选 M 卷 NP85。

(4) 在潮汐出版物中,抽选第 4 卷,即 VOL 4(NP204)。

步骤四,对相关海图和图书资料进行改正。

根据航海通告的改正内容,对航次所用的相关海图和图书资料进行全部相关改正。

(略)

步骤五,查阅研究相关资料。

如若对此航线不熟悉,或首次在此航线上航行,在进行具体的航线设计和绘画之前,对相关资料的查阅和研究是非常必要的。可供查阅和研究的资料主要有《世界大洋航路》和《大洋航路图》。

世界大洋航路中对航线的介绍比较具体和全面,而《大洋航路图》看起来更比较直观。

步骤六,在总图上,进行具体航线设计及绘画。

在小比例尺海图 4509 上设计绘画航线。

具体航线与航路点如下：

由马山港引水站 34 57.0N/128 49.0E 下引水后,一走航向 C/090,经木岛与 Pukyongje Do 之间(宽度 3 海里),航行 14 海里(D/14)至 34 57.0N/129 06.0E,然后,取航向 C/054(D/660)航至津轻海峡西口 41 20.0N N/140 15.0E(龙飞崎灯塔 B/142,D/5)处,转航向 C/060(D34),至 41 38.0N/140 55.0E(本滕岛灯塔 B/180,D/4),然后转向 C/065(D/23),至 41 47.0N/141 23.0E,然后转向 C/011,(D/50)直接进入苫小牧港锚地 42 35.0N/141 37.0E 附近。全程 781 海里。

步骤七,将在总图上设计好的航线,转移到相关的航行图上。

当总的航线在总图上设计完成以后,需要将航线全部转移到航行用图上。转移的方法有以下两种。

(1) 先将每个航路点按照经纬度,逐一转移到航行分图上,然后,将相邻两个航路点用航线连接,并进行航向标注。

(2) 先将第一个航路点转移到分图上,然后从该点画出至下一个航路点的航线,在此航线上,按经纬度截取下一个航路点,然后,再从此航路点画出下一个航线,……依次完成。

注意,当将航线从总图上转移到分图上后,要仔细的将全部分图的航线与总图逐一核查、对照,是否相符,防止在转移过程中出现错误。

步骤八,填写航行计划报告书。

中华人民共和国海船船员适任证书全国统考

航线设计报告
REPORT OF PASSAGE PLAN

专　　业:航海技术	申考职务：　类　　等
评估项目:航线设计	评估时间：
准考证号：	
评估成绩：	评估员：

报告内容及作业要求

一、报告内容

(一)设计一条航线

按照有关要求提供有关航行、定位的措施。

(二)航线设计的内容

(1)熟悉船舶主要数据,如船长、航次船宽、吨位、吃水、船速、燃油及淡水消耗、航海仪器、船员技术水平等。

(2)结合本船情况分析研究相关航海资料。

(3)确定计划航线,并提供情报确定的依据。

(4)经过反复推敲,将最后确定的航线画在相关的总图和航海图上。

(5)认真填写要求的各表。

二、作业要求

(一)信息充分

选择的海图、出版物齐全、适用。

（二）航线安全

（1）航线与孤立危险物、水下障碍物安全距离选择合适。
（2）航线离岸距离选择合适。
（3）航线避离禁区、避航区、过境船舶避免进入沿岸通航带等。
（4）正确进入、使用、穿越通航分道。
（5）正确使用深水航路。
（6）正确处理海图水深不完整。
（7）定位与转向时机合适，转向点选择合适。
（8）推荐航线的使用。

（三）航线经济

（1）转向点设置合理，没有明显绕航。
（2）航程与推荐航程的比较，差异合理。
（3）利用推荐航线或经验航线而充分考虑风流等因素。

（三）作业准确

（1）航向、方位度量准确，误差小于 0.5 度。
（2）里程度量准确，误差小于总航程的 1‰。
（3）接图点、转向点度量准确，经、纬度误差小于最小刻度的 1/2。

（五）作业完整

（1）总图、航行图或大比例尺海图上的航线完整。
（2）海图上标注转向点编号、经、纬度、航段里程、剩余里程等。
（3）海图标注位置恰当，不影响识读或不掩盖海图信息。
（4）在规定的时间内完成作业。
（5）在规定的时间内完成报告书。

（六）作业美观

（1）航线线条粗细适中。
（2）海图标注位置得当、文字规范清晰。
（3）海图纸面整洁。
（4）作业过程有序，海图、资料、工具等摆放整齐。

1. 航线主要数据

船名：	天山	12 M.V TIAN SHAN		Voyage No.12	
船舶规范	船舶总长 225.80 米 L.O.A		船宽 32.20 米 Beam		载重量(吨) 68 450 MT DWT
	货物粮货物重量 61500 MT Cargo				Cargo Weight
	燃油消耗量(吨/天) 32MT/D F.O Consumption per day			航速 14.5 Speed	
	离港吃水前 12.50 米		后 12.70 米 Departure draft	F	A
出发港：马山 Departure Masan			目的港苫小牧 Destination Tomakomai		
出发港引航站 P/STN of Departure	位置 Position 34 57.0N/128 49.0E 到泊位距离 Distance from the Berth 25				
航程 Distance	从引航站到引航站 781 FM the P/STN to P/STN				
航行时间 Sailing Time	从引航站到引航站 2 D 06 H FM P/STN to P/STN				
目的港引航站 P/STN of Destination	位置 Position 42 35.0N/141 37.0E 到泊位距离 Distance to the Berth				
离港时间 Departure Time	离开泊位时间 2005.06.13 1800 Departure Time from the Berth				
预计抵港时间 ETA	预计抵目的港引水站时间 ETA to P/STN 2005.06.16 0001				
潮汐 Tide	出港时潮高 Tide of the Departure				
	抵港时潮高 Tide of the Destination				
法定时 Legal Time	出发港 GMT + 9 Departure			目的港 GMT + 9 Destination	
船时调整 Time Adjustment	拨快/拨慢 Aavance/to Bach		小时 Hours 增加/减少 Add/Less		天 Days
途经主要海区域 Main Erea of Route	黄海、朝鲜海峡、日本海				
审批记录 Remarks：					

2. 选择和确定计划航线(Select and Determine Route)

由马山港下引水后,由日本海,经津轻海峡直至苫小牧引航锚地。
审批记录 Remarks：

注：说明所拟定航线的性质、确定依据和重要航路点情况、并在小比例尺海图上确定航线。

3. 有关航海图书资料、信息一览表(Publication/Information to be used)

名称 Title	序号 No.	书号 NP	书名 Name of the Publications	出版年月 Date of Published	备注 Remarks
航路指南 Sailing Directions	1	NP43	*South and East Coast of Korea, East Cost of Siberia and sea of okihotsk Pilot*	2007.06	
	2	NP41	*Japan Pilot Vol. I*	2008.08	
	3				
	4				
	5				
	6				
	7				
潮汐表 Tide Table	1	NP204	*Pacific Ocean (including Tidal Straim Table)*		
	2				
	3				
	4				
灯标与雾号表 List Of Light and Fog Signals	1	NP85	*List of Lights Vol. M*		
	2				
	3				
港口信息 Port Informations	1				
	2				
	3				
无线电信号表 List of Radio Signals	1	NP281(2)	*Admiralty List of Radio Signals Vol. 1(2)*		
	2	NP282	*Admiralty List of Radio Signals Vol. 2*		
	3	NP283(2)	*Admiralty List of Radio Signals Vol. 3(2)*		
	4	NP284	*Admiralty List of Radio Signals Vol. 4*		
	5	NP;285	*Admiralty List of Radio Signals Vol. 5*		

续表

名称 Title	序号 No.	书号 NP	书名 Name of the Publications	出版年月 Date of Published	备注 Remarks
	6	NP286(6)	*Admiralty List of Radio Signals Vol. 6(6)*		
	7				
海员手册、船舶定线等其他有关资料 Mariner's Handbook, Ship's Routing and Others	1				
	2				
	3				
	4				
	5				
	6				
航行警告 接收 Navigation Warning/ Weather Report	1				
	2				
	3				
	4				
审批记录 Remarks					

注：备注栏中可填写航海图书用途、存废等简要情况。

4. 所用总图、洋流图及航用海图一览表(Nautical Charts to be Used)

序号 No.	图号 Charts No.	图名 Title	比例尺 Scale	出版年月 Date of Published	备注 Remarks
01	1259	*Pusan and Masan*	1∶20 000	2007.01	
02	1065	*Approaches to Masan, Pusan and Ogpo Hang*	1∶75 000	2006.11	
03	127	*Korea Strait*	1∶300 000	2002.03	
04	2347	*Southern Japan and Adjacent Seas*	1∶1 500 000	2007.12	
05	2293	*Northern Japan and Adjacent Seas*	1∶1 500 000	2005.08	
06	1800	*South West Hokkaido*	1∶500 000	2002.03	

续表

序号 No.	图号 Charts No.	图名 Title	比例尺 Scale	出版年月 Date of Published	备注 Remarks
07	1817	*Approaches to Muroran Ko and Tomakomai Ko*	1:150 000	2002.03	
08	1813	*Ports on the South and East Coast of Hokkaido*	1:20 000	2002.03	
审批记录 Remarks					

注：备注栏中可填写海图性质、存废等简要情况。

5. 航线表（List of Route）

编号	从一航路点到另一航路点	累计航程		剩余航程	预计转向时间	关系海图	转向目标方位、距离	审批记录
	航路点位置	航向	航程					
1	34 57.0N/128 49.0E Masan P/STN	090	14	14		781	127 1065	Masan P/STN
2	34 57.0N/129 06.0E				67	1065		
		54	60	4				
3	41 20.0N/140 15.0E				07		Tappi Saki LH B/142 D/5	
		60	4	08				
4	41 38.0N/140 55.0E				3	1800	Benten Shima LH B/180 D/4	
		65	3	31				
5	41 47.0N/141 23.0E				0	1800		
		11	0	81				
6	42 35.0N/141 37.0E Tomakomai P/STN				0	1817		

注：航程的累计为从引水站到引水站，预计转向栏只计算和填写主要转向点的预计时间。

6. 本航次海区重要记事

海区重要记事	审批记录
1. 该航线从引航站到引航站的海区内最浅水深处在什么位置？该航线附近主要有哪些礁石等碍航物存在？查阅有关资料，说明航经这些海区时的注意事项。	
1. 马山港由引水站至泊位进出港航道较长，且弯曲，水深较浅，且流向流速复杂，航行中应注意。 2. 马山港引水站下引水后，驶航向090，由木岛与Pungnyo Do两小岛之间通过，两岛之间距离较小，仅3海里，且本处渔船较多，通过时应特别注意，防止因避让渔船而距两岛太近。	
2. 该航线的海区内是否有分道通航区和定线制区域？是否有禁止航行区域？查阅有关资料，说明航经这些海区时的航行方法？	
本航区内除港内部分，海上航线没有定线区或通航分道。	
3. 该航线海区内是否有狭水道、交通密集或渔船密集区域？查阅有关资料，说明航经这些海区时的航行方法和注意事项	
1. 马山港航道长而较窄，且弯曲。 2. 津轻海峡水域较宽，岸形陡峭，无论陆测还是雷达，定位条件良好，但水流较急，特别是海峡两端，且有旋涡，注意保持足够的离岸距离，防止急流将船压到岸上。	
4. 该航线的航区内有哪些主要陆标可供定位使用？你认为哪些海区的海图及其他航海资料描述不够详尽，存在一定不可信度？查阅有关资料，说明注意事项和处理方法。	
津轻海峡两端及海峡内，龙飞崎角及灯塔和本滕岛灯塔无论是陆测还是雷达，都是良好的定位物标。	
5. 该航线的海区内有哪一些无线电报告点？根据船舶本身的条件并查阅有关资料，说明报告的内容和程序，并在有关海图上进行标注。	
本航线中，除了两端与港口联系外，无特殊的报告点。	
6. 该季节航行在该航线的海区内会遇到哪些恶劣天气？根据船舶本身的条件并查阅相关资料，说明注意事项和具体措施。在本航线的海区内，还应该注意哪些问题？表明你的观点。	
6月份，西北太平洋的台风季节已经开始，不过本季节的台风路径过此海区的不太多，除了受台风影响外，在该季节，该海区，大风浪恶劣天气不多，但是，雾季已经开始，本海区本季节经常大雾弥漫，特别本海区渔船众多，航行中应特别注意。	

任务训练七　青岛至长江口航线设计

散货船"天山"轮，总长225.80米，船宽32.20米，载重吨68 450吨，装载散粮55 000吨，前吃水10.50米，后吃水10.70米，燃油消耗量32吨/天，航速14.5节，预计于2010.03.24当地时间1800时，由青岛开航驶往长江口候潮，然后进江驶往南京港。

设计一条由青岛至长江口的合理航线。

青岛港至南京港,需进长江航行,且需在长江口候潮水进江。青岛港至长江口航线为中国近海航行,跨越中国黄海和东海两个海区,属近海航线一类。航线的设计和绘画基本步骤如下:

步骤一,抽选海图。

(1) 根据航线的起始港青岛和目的港——长江口(然后去南京港)所在的海区,查阅中版《航海图书目录》

(2) 在《航海图书目录》中,从第1页总目录中,查得分区索引图在第8~9页。

(3) 从第9页分区索引图中,查得:中国海区及附近在第11页,中国海区在第13页,青岛港在第17页,长江口在第19和21页。

(4) 在第11页中国海区及附近区域中,抽选总图。

注意,此幅中图101和102虽然都包括了青岛至湛江的整个航路的海区,但因为青岛至长江口是近海航行,101和102两图比例尺太小,许多较小的物标在图中表现不出来,对经验不足的初学者在航线设计时,不太适应,所以不是首选。因此可抽取比例尺较大的图103作为航线设计的总图。

同时,从该页中还可以看到,比103比例尺更大一点的还有图10012,比例尺再大一点的还有12000也都包括了从青岛至长江口的整个海区。为了更清楚地显示海图上的资料和使航线绘画的更准确,选择比例尺更大一点的10012或者12000图作为总图,设计和绘画航线。

(5) 在第13页中国海区中抽选由青岛至长江口的航行图。

由于青岛至长江口是近海航行,除非必须,为了避开沿岸航行中的较大的通航密度和众多渔船,可以选择能够满足航行安全需要的离岸较远的近海航行图,因此,从青岛开始依次抽选12300、12000、13100。

(6) 在第17页 山东高角至日照港图幅中,抽选青岛港港图和附近大比例尺海图,依次为12351、12339。

(7) 在第19页日照港至长江口北角图幅中,抽选长江口北部附近大比例尺图13110。

在第21页舟山群岛(包括长江口)图幅中,抽选长江口大比例尺图13170与13179。

(8) 这样,由青岛至长江口海图全部抽选完毕,按顺序排好,依次如下。

总图:103 或 10012;

航用图(分图):12351、12339、12300、12000、13100 13110、13170、13179。

步骤二,抽选航次所需航海图书资料。

(1) 在《航海图书目录》中查取航海书表示意图,为第42~43页。

(2) 由于青岛至湛江航区跨越了黄、渤海海区和东海海区两个海区,因此,从第43页航海书表示意图中,抽选航路指南 A 101、A102;

航标表 G101、G102;

港口指南 C101、C102；

潮汐表 H101、H102；

步骤三,利用航海通告对海图进行改正(略)。

步骤四,查阅和阅读相关资料。

查阅的相关资料,主要是中版的航路指南,由于青岛至长江口跨越了中国沿海的两个海区,即黄海和东海,因此中版航路指南 A101、A102 都需要查阅。

步骤五,利用总图设计航线。中版图 103 或 10012。

设计航线可有两种方法:遵照航路指南的推荐航线,或者按照推荐航线,结合本身经验,自行设计航线。

由于中版航路指南是分三个海区分别进行航线推荐和叙述的,所以,当航线跨越几个海区时,可以分海区分段设计,然后进行连接。如青岛至长江口可分为青岛至长江口、长江口锚地两部分分别设计。

(1) 青岛至长江口　海图 103 或 10012。

根据《中国航路指南》A 101(黄、渤海海区)第一章第四节介绍。

① 浅吃水船。浅吃水船出港在引水站(36 02.0 N/120 18.5 E)下引水后,按出港规定航线,航至 35 43.0 N/120 52.0 E,转向 160 度,航至转向点 35 31.1 N/120 57.0 E,然后转向 157 度,至转向点 32 29.2 N/122 32.0 E。然后转向 182 度,至佘山正东(方位 270),距离 12 海里处。

② 深吃水船。深吃水船,由青岛港引水站(36 02.0 N/120 18.5 E)下引水后,按出港规定航线,航至 35 43.0 N/120 52.0 E 转向 147 度,航行至转向点 35 32.3 N/121 00.0 E,然后转向 143 度,航行至转向点 33 47.0 N/120 36.1 E,转向 182 度,沿成山角至上海的推荐航线,航行至佘山正东(方位 270),距离 12 海里处。根据本船吃水,应选择深水航线。

同时,为了确保航行安全,因此,无论船舶吃水大小,建议使用深水航线。

因此,按照航路指南的推荐,由青岛至长江口的完整航线与航路点如下。

由青岛港引水站(36 02.0 N/120 18.5 E)下引水后,按出港规定航线—C/103(D35)航至 35 43.0 N/120 52.0 E 转向 147 度,航行 12 海里,至规定转向点 35 32.3 N/121 00.0 E,然后—C/143(D/135)TO 33 47.0 N/122 36.1 E—C/182(D/140) TO 31 23.0N/122 27.0E(佘山 B/270,D/12)。

步骤六,将在总图上设计好的航线,转移到相关的航行图上。

当总的航线在总图上设计完成以后,需要将航线全部转移到航行用图上。转移的方法有以下两种。

(1) 先将每个航路点按照经纬度,逐一转移到航行分图上,然后,将相邻两个航路点用航线连接,并进行航向标注。

(2) 先将第一个航路点转移到分图上,然后从该点画出至下一个航路点的航线,在此航线上,按经纬度截取下一个航路点,然后,再从此航路点画出下一个航线……依次

完成。

注意,当将航线从总图上转移到分图上后,要仔细的将全部分图的航线与总图逐一核查,对照,是否相符,防止在转移过程中出现错误。

步骤七,填写航线设计报告 Report of Passage Plan。

中华人民共和国海船船员适任证书全国统考

航线设计报告
REPORT OF PASSAGE PLAN

专　　业:航海技术	申考职务：　类　　等
评估项目:航线设计	评估时间：
准考证号：	
评估成绩：	评估员：

报告内容及作业要求

一、报告内容

（一）设计一条航线

按照有关要求提供有关航行、定位的措施。

（二）航线设计的内容

(1) 熟悉船舶主要数据,如船长、航次船宽、吨位、吃水、船速、燃油及淡水消耗、航海仪器、船员技术水平等。

(2) 结合本船情况分析研究相关航海资料。

(3) 确定计划航线,并提供情报确定的依据。

(4) 经过反复推敲,将最后确定的航线画在相关的总图和航海图上。

(5) 认真填写要求的各表。

二、作业要求

(一) 信息充分

选择的海图、出版物齐全、适用。

(二) 航线安全

(1) 航线与孤立危险物、水下障碍物安全距离选择合适。
(2) 航线离岸距离选择合适。
(3) 航线避离禁区、避航区、过境船舶避免进入沿岸通航带等。
(4) 正确进入、使用、穿越通航分道。
(5) 正确使用深水航路。
(6) 正确处理海图水深不完整。
(7) 定位与转向时机合适,转向点选择合适。
(8) 推荐航线的使用。

(三) 航线经济

(1) 转向点设置合理,没有明显绕航。
(2) 航程与推荐航程的比较,差异合理。
(3) 利用推荐航线或经验航线而充分考虑风流等因素。

(四) 作业准确

(1) 航向、方位度量准确,误差小于0.5度。
(2) 里程度量准确,误差小于总航程的1‰。
(3) 接图点、转向点度量准确,经纬度误差小于最小刻度的1/2。

(五) 作业完整

(1) 总图、航行图或大比例尺海图上的航线完整。
(2) 海图上标注转向点编号、经纬度、航段里程、剩余里程等。
(3) 海图标注位置恰当,不影响识读或不掩盖海图信息。
(4) 在规定的时间内完成作业。
(5) 在规定的时间内完成报告书。

(六) 作业美观

(1) 航线线条粗细适中。
(2) 海图标注位置得当、文字规范清晰。

（3）海图纸面整洁。

（4）作业过程有序，海图、资料、工具等摆放整齐。

1. 航线主要数据

船名： 天山轮	航次 12 M.V TIAN SHAN Voyage No.12	
船舶规范	船舶总长 225.8 米 L.O.A	船宽 32.2 米 Beam	载重量（吨）68 450 MT DWT
	货物粮货物重量： 55000 MT Cargo	Cargo Weight
	燃油消耗量（吨/天） 32 吨/天 F.O Consumption per day	航速 14.5 节 Speed
	离港吃水 前 10.50 米 后 10.70 米 Departure draft F A	
出发港：青岛 Departure Qingdao	目的港长江口锚地 Destination Changjiangkou Anchorage	
出发港引航站 P/STN of Departure	位置 Position 36 02.0N/120 08.5E 到泊位距离 Distance from the Berth 5	
航程 Distance	从引航站到引航站 1364 FM the P/STN to P/STN	
航行时间 Sailing Time	从引航站到引航站 3 天 22 小时 FM P/STN to P/STN	
目的港引航站 P/STN of Destination	位置 Position：20 58.0N/110 37.3E 到泊位距离 Distance to the Berth 30	
离港时间 Departure Time	离开泊位时间 2010.03.24.1830 Departure Time from the Berth	
预计抵港时间 ETA	预计抵目的港引水站时间 2010.03.28.1630 ETA to P/STN	
潮汐 Tide	出港时潮高 Tide of the Departure	
	抵港时潮高 Tide of the Destination	
法定时 Legal Time	出发港 GMT＋8 Departure	目的港 GMT＋8 Destination
船时调整 Time Adjustment	拨快/拨慢 Aavance/to Bach 小时 Hours 增加/减少 Add/Less 天 Days	
途经主要海区域 Main Erea of Route	中国黄海\东海\台湾海峡\中国南海	
审批记录 Remarks：		

2. 选择和确定计划航线(Select and Determine Route)

青岛港引水站下引水后,按《中国航路指南》推荐航线,根据本船吃水,选择深吃水船的深水航线,青岛港下引水后,按规定转向点转向,然后驶入大连至上海的推荐航线,经佘山以东12海里处,驶入长江口锚地,经报告上海VTS同意后,按指定位置进行抛锚候潮。

审批记录 Remarks:

注:说明所拟定航线的性质、确定依据和重要航路点情况、并在小比例尺海图上确定航线。

3. 有关航海图书资料、信息一览表(Publication/Information to be used)

名称 Title	序号 No.	书号 NP	书名 Name of the Publications	出版年月 Date of Published	备注 Remarks
航路指南 Sailing Directions	1	A101	《中国航路指南(黄、渤海海区)》	2006.08	
	2	A102	《中国航路指南(东海海区)》	2006.08	
	3				
	4				
	5				
	6				
	7				
	8				
	9				
	10				
潮汐表 Tide Table	1	H101	《中国潮汐表(黄、渤海海区)》	每年	
	2	H102	《中国潮汐表(东海海区)》	每年	
	3				
	4				
灯标表 List of Light	1	G101	《中国航标表(黄、渤海海区)》	每年	
	2	G102	《中国航标表(东海海区)》	每年	
	3				
	4				
	5				
	6				
港口信息 Port Informations	1				

续表

名称 Title	序号 No.	书号 NP	书名 Name of the Publications	出版年月 Date of Published	备注 Remarks
	2				
无线电信号表 List of Radio Signals	1	NP286(6)	*Admiralty List of Radio Signals Vol* 6(6)		
	2				
	3				
	4				
	5				
	6				
	7				
海员手册、船舶定线等其他有关资料 Mariner's Handbook, Ship's Routing and Others	1				
	2				
	3				
	4				
	5				
	6				
	7				
航行警告 接收 Navigation Warning/ Weather Report	1				
	2				
	3				
	4				
	5				
	6				
审批记录 Remarks					

注：备注栏中可填写航海图书用途、存废等简要情况。

4. 所用总图、洋流图及航用海图一览表 Nautical Charts to be Used

序号 No.	图号 Charts No.	图名 Title	比例尺 Scale	出版年月 Date of Published	备注 Remarks
总　图					
1	103	《黄海、渤海及东海》	1∶2 300 000	2000.08	
2	或 10012	《青岛、上海至长崎》	1∶1 000 000	2006.05	
3	或 12000	《成山角至长江口》	1∶750 000	2006.03	
分　图					
1	12351	《胶州湾》	1∶35 000	2005.10	
2	12339	《青岛港及附近》	1∶80 000	2005.10	
3	12300	《石岛港到青岛港》	1∶250 000	2005.10	
4	12000	《成山角至长江口》	1∶750 000	2006.03	
5	13000	《长江口至闽江口》	1∶750 000	2006.03	
6	13100	《吕四港至花鸟山》	1∶250 000	2005.10	
7	13110	《长江口北部》	1∶120 000	2006.05	
8	13170	《长江口南部》	1∶130 000	2006.05	
9	13179	《长江口北港、南港水道》	1∶60 000	2006.05	

审批记录 Remarks

注：备注栏中可填写海图性质、存废等简要情况。

5. 航线表(List of Route)

编号	从一航路点到另一航路点			累计航程	剩余航程	预计转向时间	关系海图	转向目标方位、距离	审批记录
	航路点位置	航向	航程						
1	36 02.0N/120 08.5E 青岛港引水站	03	25	25	355		12351		
2	33 55.0N/120 46.0E				330		13339		
		158	27	52					
3	35 32 3N/121 00.0E				03		12000		
		147	135	187					
4	33 47.0N/122 36.1E				168		12000		
		182	142	329					
5	31 23.0N/122 27.0E				26		12000、13100	佘山 B/270 D/12	
		180	26	355					
6	30 57.0N/122 30.0E 长江口锚地				0		13700		

注:航程的累计为从引水站到引水站,预计转向栏只计算和填写主要转向点的预计时间。

6. 本航次海区重要记事

海区重要记事	审批记录
1. 该航线从引航站到引航站的海区内最浅水深处在什么位置？该航线附近主要有哪些礁石等碍航物存在？查阅有关资料，说明航经这些海区时的注意事项。	
1. 由青岛港内出港时，注意中沙礁，航线应从中沙灯船以东经过。 2. 由青岛至长江口一段航线两侧及长江口附近，多沉船和废弃的油井，航行时应勤测船位，保持远离。	
2. 该航线的海区内是否有分道通航区和定线制区域？是否有禁止航行区域？查阅有关资料，说明航经这些海区时的航行方法？	
1. 青岛港从团岛口至朝连岛为分道通航，应切实遵守分道通航的规则要求。 2. 青岛港出港规定航线以南及朝连岛以西为禁航区，航行时注意不要进入。 3. 长江口海域为定线制，且为分道通航。同时，长江口锚地分为几个锚泊区，每个锚泊区之间为定线制且为分道通航。进入长江口海区应遵守有关规定。	
3. 该航线海区内是否有狭水道、交通密集或渔船密集区域？查阅有关资料，说明航经这些海区时的航行方法和注意事项	
1. 长江口由余山至花鸟山一段长江口水域为进出上海和长江内各港的必经水域，且为长江口锚地边缘，通航密度极大，锚泊船多，航行中应加强了望，勤测船位，注意避让。 2. 长江口及附近海域渔船众多，航船密集，航行中应加强了望，进出锚地时，应特别注意进出锚地的他船动态，及时勾通、协调动作。	
4. 该航线的航区内有哪些主要陆标可供定位使用？你认为哪些海区的海图及其他航海资料描述不够详尽，存在一定不可信度？查阅有关资料，说明注意事项和处理方法。	
该航区内可供定位的陆标有青岛附近的大公岛、朝连岛，长江口以北的余山，南面的花鸟山，以及长江口灯船。	
5. 该航线的海区内有哪一些无线电报告点？根据船舶本身的条件并查阅有关资料，说明报告的内容和程序，并在有关海图上进行标注。	
1. 青岛港过大公岛和小公岛连线时，应向青岛交管中心报告。 2. 长江口水域实行船舶报告制度，当进行长江口锚地前，应报告上海VTS，申请锚位，等到批准后，再按VTS指定位置抛锚。	
6. 该季节航行在该航线的海区内会遇到哪些恶劣天气？根据船舶本身的条件并查阅相关资料，说明注意事项和具体措施。在本航线的海区内，还应该注意哪些问题？表明你的观点。	
6月份对中国沿海来说，应是一年当中比较好的航海季节，东北季风已过，西南季风沿未加强，若不受台风影响，一般没有恶劣天气状况。但是6月份，中国黄海及东海海区已进入雾季，增加了航行的困难。加之本海区渔船众多，通航密度大，航行中应特别注意，按章航行。	

任务训练八　长江口至厦门航线设计

长江口至厦门港（近海航线）

散货船"天山"轮，总长 225.80 米，船宽 32.20 米，载重吨 68 450 吨，装载散粮 55 000 吨，前吃水 10.50 米，后吃水 10.70 米，燃油消耗量 32 吨/天，航速 14.5 节，预计于 2010.03.24 当地时间 1800 时，由长江口锚地开航驶厦门港。设计一条由长江口至厦门港的合理航线。

长江口位于东海海域，厦门港属东海海域内的台湾海峡内，由长江口至厦门港，全部在中国沿海航行，且航线距陆地不远，全程可进行陆标定位，属沿海一类航线。

航线的设计和绘画基本步骤如下：

步骤一，抽选海图。

（1）根据航线的起始港长江口和目的港——厦门港所在的海区，查阅中版《航海和图书目录》。

（2）在《航海和图书目录》中，从第一页总目录中，查得分区索引图在第 8～9 页。

（3）从第 9 页分区索引图中，查得：《中国海区及附近》在第 11 页，《中国海区》在第 13 页，长江口在第 21 页。厦门港在第 27 页。

（4）在第 11 页《中国海区及附近区域》中，抽选总图。

注意，此幅中图 101 和 102 虽然都包括了长江口至厦门的整个航路的海区，但因为长江口至厦门港是沿海航行，101 和 102 两图比例尺太小，许多较小的物标在图中表现不出来，对经验不足的初学者在航线设计时，不太适应，所以不是首选。因此可抽取比例尺较大的图 103 作为航线设计的总图。

（5）在第 13 页《中国海区》中抽选由长江口至厦门的航行图。

长江口至厦门港，中间要通过渔船密集的舟山渔场，该航线虽为沿海航线，但为了避开沿岸航行中的较大的通航密度和众多渔船，可以选择距岸较远，且能够满足航行安全需要的近海航行图，因此，从长江口开始依次抽选：13100、13000、14100、14300。

（6）在第 21 页《舟山群岛（包括长江口）》图幅中，抽选长江口附近大比例尺海图，依次为：13179、13170。

（7）在第 27 页《海坛岛至南澳岛》图幅中，抽选厦门港及附近的大比例尺沿岸图及港泊图，依次为 14240、14249、14281、14291、14292。

（8）这样，长江口至厦门港的全部海图抽选完毕，按顺序排好，依次如下。

总图：103；

航用图（分图）：13179、13170、13100、13000、14100、14300、14240、14249、14281、14291、14292。

步骤二，抽选航次所需航海图书资料。

（1）在总目录中查取航海书表示意图，为第 42～43 页。

(2) 由于长江口至厦门港的全部航线均包括在东海海区内,所以,从第 43 页《航海书表示意图》中抽选航路指南 A102。

航标表 G102。

港口指南 C102。

潮汐表 H102。

步骤三,利用航海通告对海图进行改正(略)。

步骤四,查阅和阅读相关资料。

查阅的相关资料,主要是中版的航路指南,由于长江口和厦门港均在东海海域内,因此需要查阅的中版航路指南为 A102。

步骤五,利用总图设计航线(中版图 103)。

设计航线可有两种方法:遵照航路指南的推荐航线,或者按照推荐航线,结合本身经验,自行设计航线。

遵照航路指南的推荐航线。

因为长江口和厦门港都在东海海区内,查中版航路指南 A102(东海海区),第一章第四节《航路概述》中长江口至台湾海峡的介绍。从介绍中我们发现,从长江口至台湾海峡有内、外两种航法和推荐航线。根据海上具体情况,内航线航区较复杂,渔船太多,同时,由于本轮吃水,以采用外航路航线为宜。按照外航路推荐航线,由长江口至台湾海峡应采取下列航法:

由长江口锚地锚位 30 57.0N/122 30.0E,起锚后,驶航向 C/108,航行 18 海里,至花鸟山东 8 海里处 30 52.0N/122 49.5E,转向 154,经海礁以西,航行 72 海里,至 29 47.6N/123 25.8E,转航向 C/213,接入北方来船至台湾海峡的主航线,航行 330 海里,至 25 18.0N/120 08.0E,(牛山岛方位 B/310,D/13 海里)处,转 C/222,航行 38 海里,至 24 50.0N/119 41.0E(乌丘屿 B/309,D/15.6 海里)处。然后,转航向 C/242,航行 83 海里,至东碇岛 B/246,D/6 海里处的 24 12.0N/118 20.0E,转向 C/287,由水道浅滩和二进浅滩之间,航行 8 海里,至东碇岛 B/152,D/5.2 海里处的 21 14.2N/118 11.0E,然后转向 C/000 度,航行 5 海里,至 24 49.2N/118 10.8E,然后,转向 C/320,从两个疑存雷区之间的安全航道,航行 6 海里,至第二引航站 2424.5N/118 05.25E。

从长江口锚地至厦门引航站,航路全长 560 海里。

步骤六,将在总图上设计好的航线,转移到相关的航行图上。

当总的航线在总图上设计完成以后,需要将航线全部转移到航行用图上。转移的方法有以下两种。

(1) 先将每个航路点按照经纬度,逐一转移到航行分图上,然后,将相邻两个航路点用航线连接。并进行航向标注。

(2) 先将第一个航路点转移到分图上,然后从该点画出至下一个航路点的航线,在此航线上,按经纬度截取下一个航路点。然后,再从此航路点画出下一个航线……依次完成。

(3) 注意,当将航线从总图上转移到分图上后,要仔细的将全部分图的航线与总图

逐一核查,对照,是否相符,防止在转移过程中出现错误。

步骤七,填写航线设计报告 Report of Passage Plan。

中华人民共和国海船船员适任证书全国统考

航线设计报告
REPORT OF PASSAGE PLAN

专　　业:航海技术	申考职务:　类　　等
评估项目:航线设计	评估时间:
准考证号:	
评估成绩:	评估员:

青岛考区办公室印制

报告内容及作业要求

一、报告内容

（一）设计一条航线

按照有关要求提供有关航行、定位的措施。

（二）航线设计的内容

（1）熟悉船舶主要数据,如船长、航次、船宽、吨位、吃水、船速、燃油及淡水消耗、航海仪器、船员技术水平等。

（2）结合本船情况分析研究相关航海资料。

（3）确定计划航线,并提供情报确定的依据。

（4）经过反复推敲,将最后确定的航线画在相关的总图和航海图上。

（5）认真填写要求的各表。

二、作业要求

(一) 信息充分

选择的海图、出版物齐全、适用。

(二) 航线安全

(1) 航线与孤立危险物、水下障碍物安全距离选择合适。
(2) 航线离岸距离选择合适。
(3) 航线避离禁区、避航区、过境船舶避免进入沿岸通航带等。
(4) 正确进入、使用、穿越通航分道。
(5) 正确使用深水航路。
(6) 正确处理海图水深不完整。
(7) 定位与转向时机合适,转向点选择合适。
(8) 推荐航线的使用。

(三) 航线经济

(1) 转向点设置合理,没有明显绕航。
(2) 航程与推荐航程的比较,差异合理。
(3) 利用推荐航线或经验航线而充分考虑风流等因素。

(四) 作业准确

(1) 航向、方位度量准确,误差小于 0.5 度。
(2) 里程度量准确,误差小于总航程的 1%。
(3) 接图点、转向点度量准确,经纬度误差小于最小刻度的 1/2。

(五) 作业完整

(1) 总图、航行图或大比例尺海图上的航线完整。
(2) 海图上标注转向点编号、经纬度、航段里程、剩余里程等。
(3) 海图标注位置恰当,不影响识读或不掩盖海图信息。
(4) 在规定的时间内完成作业。
(5) 在规定的时间内完成报告书。

(六) 作业美观

(1) 航线线条粗细适中。
(2) 海图标注位置得当、文字规范清晰。
(3) 海图纸面整洁。

(4) 作业过程有序,海图、资料、工具等摆放整齐。

1. 航线主要数据

船名 天山	航次 12 M.V TIAN SHAN	Voyage No. 12
船舶规范	船舶总长 225.8米 L.O.A 船宽 32.2米 Beam	载重量(吨)68450 MT DWT
	货物粮货物重量: 55000 MT Cargo	Cargo Weight
	燃油消耗量(吨/天) 32 吨/天 F.O Consumption per day	航速 14.5 节 Speed
	离港吃水 前 10.50米 后 10.70米 Departure draft F A	
出发港:长江口锚地 Departure:Changjiangkou Anchorage		目的港 厦门港 Destination:Xiamen
出发港引航站 P/STN of Departure	位置 Position 30 57.0N/122 30.0E 到泊位距离 Distance from the Berth	
航程 Distance	从引航站到引航站 566 FM the P/STN to P/STN	
航行时间 Sailing Time	从引航站到引航站 1天15小时 FM P/STN to P/STN	
目的港引航站 P/STN of Destination	位置 Position: 24 24.5N//118 05.25E 到泊位距离 Distance to the Berth 6	
离港时间 Departure Time	离开泊位时间 2010.03.24.1830 Departure Time from the Berth	
预计抵港时间 ETA	预计抵目的港引水站时间 2010.03.26.0900 ETA to P/STN	
潮汐 Tide	出港时潮高 Tide of the Departure	
	抵港时潮高 Tide of the Destination	
法定时 Legal Time	出发港 GMT + 8 Departure	目的港 GMT + 8 Destination
船时调整 Time Adjustment	拨快/拨慢 Aavance/to Bach 小时 Hours 增加/减少 Add/Less 天 Days	
途经主要海区域 Main Erea of Route	中国东海/ 台湾海峡	
审批记录 Remarks:		

2. 选择和确定计划航线(Select and Determine Route)

按《中国航路指南》相关部分的推荐航线,根据本船吃水,长江口锚地起锚后,选择由长江口至台湾海峡的外航路航线,起锚后,经花岛山东8海里处转向154度,经海礁以西,入由北方港口至台湾海峡的主推荐航线,航至乌丘屿方位309度,距离15.6海里处,转向242度,至东碇岛方位246度,距离6海里处,转向西北,经水道浅滩和二进浅滩之间,航至两疑存雷区的南边沿24 19.2N/118 10.8E,然后,从两疑存雷区之间的航道,直达引水站。

审批记录 Remarks：

注：说明所拟定航线的性质、确定依据和重要航路点情况,并在小比例尺海图上确定航线。

3. 有关航海图书资料、信息一览表(Publication/Information to be used)

名称 Title	序号 No.	书号 NP	书名 Name of the Publications	出版年月 Date of Published	备注 Remarks
航路指南 SailingDirectoons	1	A102	《中国航路指南(东海海区)》	2006.08	
	2				
	3				
	4				
	5				
	6				
	7				
	8				
潮汐表 Tide Table	1	H102	《中国潮汐表(东海海区)》	每年	
	2				
	3				
	4				
灯标表 List of Light	1	G102	《中国航标表(东海海区)》	每年	
	2				
	3				
	4				
港口信息 Port Informations	1				
	2				
	3				
无线电信号表 List of Radio Signals	1	NP286(6)	*Admiralty List of Radio Signal Vol 6(6)*		
	2				

续表

名称 Title	序号 No.	书号 NP	书名 Name of the Publications	出版年月 Date of Published	备注 Remarks
	3				
	4				
	5				
	6				
海员手册、船舶定线等其他有关资料 Mariner's Handbook, Ship's Routing and Others	1				
	2				
	3				
	4				
	5				
	6				
	7				
航行警告 接收 Navigation Warning/Weather Report	1				
	2				
	3				
	4				
	5				
	6				
审批记录 Remarks					

注：备注栏中可填写航海图书用途、存废等简要情况。

4. 所用总图、洋流图及航用海图一览表（Nautical Charts to be Used）

序号 No.	图号 Charts No.	图名 Title	比例尺 Scale	出版年月 Date of Published	备注 Remarks
总图					
01	103	黄海、渤海及东海	1∶2 300 000	2000.08	

续表

序号 No.	图号 Charts No.	图名 Title	比例尺 Scale	出版年月 Date of Published	备注 Remarks
分图					
01	13179	长江口北港、南港水道	1∶60 000	2006.05	
02	13170	长江口南部	1∶130 000	2006.05	
03	13000	长江口至闽江口	1∶750 000	2006.03	
04	14100	海坛岛至厦门港	1∶250 000	2005.10	
05	14300	厦门港至汕头港	1∶250 000	2005.10	
06	14240	深沪湾至东碇岛	1∶100 000	2006.08	
07	14249	围头角至厦门港	1∶60 000	2005.10	
08	14281	厦门东侧及金门水道	1∶25 000	2005.10	
09	14291	厦门港及附近	1∶30 000	2005.10	
10	14292	厦门内港	1∶7 500	2005.10	
审批记录 Remarks					

注：备注栏中可填写海图性质、存废等简要情况。

5. 航线表（List of Route）

编号	从一航路点到另一航路点			累计航程	剩余航程	预计转向时间	关系海图	转向目标方位、距离	审批记录
	航路点位置	航向	航程						
01	30 57.0N/122 30.0E 长江口锚地	108	18	18	560		13170		
02	30 52.0N/122 49.5E				542		13170	花鸟山 B/270,D/8	

续表

编号	从一航路点到另一航路点	累计航程	剩余航程	预计转向时间	关系海图	转向目标方位、距离	审批记录
		154	72	90			
03	29 47.6N/123 25.8E			470	13000		
		213	330	420			
04	25 18.0N/120 08.0E			140	13000	牛山岛 B/310,D/13	
		222	38	458			
05	24 50.0N/119 41.0E			102	14100	乌丘屿 B/309,D/15.6	
		242	83	541			
06	24 12.0N/118 20.0E			19	14249	东碇岛 B/246,D/6	
		287	8	549			
07	24 14.2N/118 11.0E			11	14281	东碇岛 B/152,D/5.2	
		000	5	554			
08	24 19.2N/118 10.8E			6	14281		
		320	6	560			
09	24 24.5N/118 05.3E 厦门港引水站			0	14291		

注:航程的累计为从引水站到引水站,预计转向栏只计算和填写主要转向点的预计时间。

6. 本航次海区重要记事

海区重要记事	审批记录
1. 该航线从引航站到引航站的海内最浅水深处在什么位置?该航线附近主要有哪些礁石等碍航物存在?查阅有关资料,说明航经这些海区时的注意事项。	
1. 厦门港外,金门水道入口处,东碇岛以北,北有水道浅滩、水深 6.5 米,南有二进浅滩、蓝柏浅滩,航行中需准确定位,保持船位,不能偏离航线。 2. 金门水道两侧为疑雷区,可航水域较狭窄,航行中应注意,保持船位。	
2. 该航线的海区内是否有分道通航区和定线制区域?是否有禁止航行区域?查阅有关资料,说明航经这些海区时的航行方法?	
长江口海域为定线制,且为分道通航。同时,长江口锚地分为几个锚泊区,每个锚泊区之间为定线制且为分道通航。锚地起锚驶离锚地时,应视锚泊的位置及所经区域,按规定航行,驶离锚地。	

续表

海区重要记事	审批记录
3. 该航线海区内是否有狭水道、交通密集或渔船密集区域？查阅有关资料，说明航经这些海区时的航行方法和注意事项。	
1. 长江口水域为进出上海和长江内各港的必经水域，通航密度极大，锚泊船多，船舶进出锚地频繁。起锚后应注意他船动态，出锚地的航行中应加强了望，注意避让。 2. 长江口及附近海域，特别是花鸟山屿与海礁之间一段海域，渔船众多，航路密集，航行中应加强了望，注意避让。 3. 厦门港外，东碇岛附近，渔船密集，浅滩又多，航行中应注意准确定位，不要偏航。	
4. 该航线的航区内有哪些主要陆标可供定位使用？你认为哪些海区的海图及其他航海资料描述不够详尽，存在一定不可信度？查阅有关资料，说明注意事项和处理方法。	
该航线全段航程几乎都可进行物标定位，航线右侧的花鸟山、海礁、牛山岛、乌丘屿、东碇岛、大小金门岛，都是可定位的良好物标。	
5. 该航线的海区内有哪一些无线电报告点？根据船舶本身的条件并查阅有关资料，说明报告的内容和程序，并在有关海图上进行标注。	
长江口水域实行船舶报告制度，在起锚前应事先报告上海VTS，得到允许后才可起锚，起锚后，同时要向上海VTS报告船舶动态。	
6. 该季节航行在该航线的海区内会遇到哪些恶劣天气？根据船舶本身的条件并查阅相关资料，说明注意事项和具体措施。在本航线的海区内，还应该注意哪些问题？表明你的观点。	
3月份应是中国沿海航海的黄金季节，东北季风已近尾声，西面季风尚未到来，台风季节刚刚开始，一般情况下，没有恶劣天气。但台湾海峡的雾季已经开始，增加了航行的困难。特别是进出厦门港，接近港口，浅滩多，航道窄，水域受限，若遇能见度不良，更应特别注意。	

任务训练九　厦门港至香港航线设计

厦门港至香港（沿海航线）

散货船"天山"轮，总长225.80米，船宽32.20米，载重吨68 450吨，装载散粮55 000吨，前吃水10.50米，后吃水10.70米，燃油消耗量32吨/天，航速14.5节，预计于2010.03.24当地时间1800时，由厦门港开航驶香港。

设计一条由厦门港至香港的合理航线。

航区分析：

厦门港位于东海海域内的台湾海峡内；香港位于华南，属南海海区。由厦门港至香港，距离虽然不长，但航区却跨越两个海区，即中国东海海区和南海海区，全程在中国沿海航行，全程可进行陆标定位，属沿海一类航线。

航线的设计和绘画基本步骤如下。

步骤一,抽选海图。

(1)根据航线的起始港—厦门港和目的港—香港所在的海区,查阅中版《航海图书目录》。

(2)在《航海图书目录》中,从第一页总目录中,查得分区索引图在第8～9页。

(3)从第9页分区索引图中,查得:《中国海区及附近》在第11页,《中国海区》在第13页,厦门港在第27页,香港在第33页。

(4)在第11页《中国海区及附近区域》中,抽选总图。

注意,此幅中图101和102虽然都包括了厦门港至香港的整个航路的海区,但因为厦门港至香港是沿海航行,101和102两图比例尺太小,许多较小的物标在图中表现不出来,对经验不足的初学者在航线设计时,不太适应,所以不是首选。因此,可抽取比例尺较大的图104作为航线设计的总图。

同时,图幅中,除了图104以外,还有比例尺更大的图10015也包含了从厦门至香港的整个海区。所以,为了使航路上的海图资料更清晰,更准确,使航线设计更方便,选图10015比选图104更胜一筹,所以应作为首选,选图10015作为本航线的设计总图。

(5)在第13页《中国海区》中抽选由厦门至香港的航行图。

从厦门港至香港,航线较短,且为沿岸航行,没有离岸太远的航段,因此,以选择沿海航行图为宜。因此,依次抽选为:14281、14249、14200、14300、15010、15300。

(6)在第27页《海坛岛至南澳岛》图幅中,抽选厦门港及附近的大比例尺的港泊图与沿岸图。依次为14292、14291。

(7)在第33页,抽选香港及附近的大比例尺图及港图,为15370。

(8)这样,厦门港至香港的全部海图抽选完毕,按顺序排好,依次如下。

总图:10015(或104)。

航用图(分图):14292、14291、14281、14249、14240、14300、15010、15300、15370。

步骤二,抽选航次所需航海图书资料。

(1)在总目录中查取航海书表示意图,为第42～43页。

(2)由于厦门港至香港的全部航线分别包括在东海海区和南海海区内,所以,从第43页《航海书表示意图》中抽选航路指南A102、A103。

航标表G102、G103。

港口指南C102、C103。

潮汐表H102、H103。

步骤三,利用航海通告对海图进行改正(略)。

步骤四,查阅和阅读相关资料。

查阅的相关资料,主要是中版的航路指南,由于厦门港和香港分别包括在东海海域和南海海域内,因此需要查阅的中版航路指南分别为A102、A103。

步骤五,利用总图设计航线 中版图10015(或104)。

设计航线可有两种方法:遵照航路指南的推荐航线,或者按照推荐航线,结合本身经验,自行设计航线。

遵照航路指南的推荐航线。

因为厦门港和香港分别在东海海区和南海海区内,因此,厦门港包括台湾海峡部分,查中版航路指南A102(东海海区),第一章第四节《航路概述》中长江口至台湾海峡的有关介绍。台湾海峡至香港的航路可参照《中国航路指南》A103卷(南海海区)第一章中,第四节《航路概述》中,由台湾海峡至珠江口航路的有关介绍。

按照航路指南的介绍和推荐,由厦门至香港的航线设计如下:

在厦门引航站 24 24.5N/118 05.3E 下引水后,沿金门水道,航向140,航行6海里,至 24 19.2N/118 08.8E,然后转向180度,航行5海里,至 24 14.2N/118 11.0E(东碇岛方位 B/152,距离 D/5.2 海里)处,转向 C/107,航行 8 海里,至 24 12.0N/118 20.0E(东碇岛 B/246,D/6)处,转向 C/202,航行 56 海里,至 23 08.0N/117 24.0E,转向 C/242,进入台湾海峡主航线,航行 58 海里,至 22 41.0N/116 30.0E(在碑山角 B/000,D/15),转向 C/248,航行 82 海里,至 22 10.0N/115 07.0E(针岩头 B/000,D/9),转向 C/266,航行 46 海里,至 22 07.0N/114 16.5E,然后转向 C/310 度,进入薄寮水道分隔航道,前行 13 海里,至青洲引水站 22 12.96N/114 09.8E 上引水进港。

由厦门至香港全部航程约274海里。

步骤六,将在总图上设计好的航线,转移到相关的航行图上。

当总的航线在总图上设计完成以后,需要将航线全部转移到航行用图上。转移的方法有以下两种。

(1)先将每个航路点按照经纬度,逐一转移到航行分图上。然后,将相邻两个航路点用航线连接。并进行航向标注。

(2)先将第一个航路点转移到分图上,然后从该点画出至下一个航路点的航线,在此航线上,按经纬度截取下一个航路点,然后,再从此航路点画出下一个航线……依次完成。

注意,当将航线从总图上转移到分图上后,要仔细的将全部分图的航线与总图逐一核查,对照,是否相符,防止在转移过程中出现错误。

步骤七,填写航线设计报告 Report of Passage Plan。

中华人民共和国海船船员适任证书全国统考

航线设计报告
REPORT OF PASSAGE PLAN

专　　业:航海技术	申考职务：　类　　等
评估项目:航线设计	评估时间：
准考证号：	
评估成绩：	评估员：

报告内容及作业要求

一、报告内容

（一）设计一条航线

按照有关要求提供有关航行、定位的措施。

（二）航线设计的内容

（1）熟悉船舶主要数据，如船长、航次船宽、吨位、吃水、船速、燃油及淡水消耗、航海仪器、船员技术水平等。

（2）结合本船情况分析研究相关航海资料。

（3）确定计划航线，并提供情报确定的依据。

（4）经过反复推敲，将最后确定的航线画在相关的总图和航海图上。

（5）认真填写要求的各表。

二、作业要求

（一）信息充分

选择的海图、出版物齐全、适用。

(二) 航线安全

(1) 航线与孤立危险物、水下障碍物安全距离选择合适。
(2) 航线离岸距离选择合适。
(3) 航线避离禁区、避航区、过境船舶避免进入沿岸通航带等。
(4) 正确进入、使用、穿越通航分道。
(5) 正确使用深水航路。
(6) 正确处理海图水深不完整。
(7) 定位与转向时机合适,转向点选择合适。
(8) 推荐航线的使用。

(三) 航线经济

(1) 转向点设置合理,没有明显绕航。
(2) 航程与推荐航程的比较,差异合理。
(3) 利用推荐航线或经验航线而充分考虑风流等因素。

(四) 作业准确

(1) 航向、方位度量准确,误差小于 0.5 度。
(2) 里程度量准确,误差小于总航程的 1%。
(3) 接图点、转向点度量准确,经、纬度误差小于最小刻度的 1/2。

(五) 作业完整

(1) 总图、航行图或大比例尺海图上的航线完整。
(2) 海图上标注转向点编号,经、纬度、航段里程、剩余里程等。
(3) 海图标注位置恰当,不影响识读或不掩盖海图信息。
(4) 在规定的时间内完成作业。
(5) 在规定的时间内完成报告书。

(六) 作业美观

(1) 航线线条粗细适中。
(2) 海图标注位置得当、文字规范清晰。
(3) 海图纸面整洁。
(4) 作业过程有序,海图、资料、工具等摆放整齐。

1. 航线主要数据

船名:	天山	航次 12 M.V	TIAN SHAN		Voyage No. 12
船舶规范	船舶总长 225.8 米 L.O.A		船宽 32.2 米 Beam		载重量(吨)68450 MT DWT
	货物粮货物重量: 55000 MT Cargo				Cargo Weight
	燃油消耗量(吨/天) 32 吨/天 F.O Consumption per day				航速 14.5 节 Speed
	离港吃水前 10.50 米后 10.70 米 Departure draft F				A
出发港:厦门 Departure:Xiamen			目的港香港 Destination:Hongkong		
出发港引航站 P/STN of Departure	位置 Position 2424.5N/118 05.3E 到泊位距离 Distance from the Berth 5				
航程 Distance	从引航站到引航站 274 FM the P/STN to P/STN				
航行时间 Sailing Time	从引航站到引航站 0 天 19 小时 FM P/STN to P/STN				
目的港引航站 P/STN of Destination	位置 Position: 22 12.96N/114 09.8E 到泊位距离 Distance to the Berth 3				
离港时间 Departure Time	离开泊位时间 2010.03.24. 1830 Departure Time from the Berth				
预计抵港时间 ETA	预计抵目的港引水站时间 2010.03.25.1330 ETA to P/STN				
潮汐 Tide	出港时潮高 Tide of the Departure				
	抵港时潮高 Tide of the Destination				
法定时 Legal Time	出发港 GMT＋8 Departure		目的港 GMT＋8 Destination		
船时调整 Time Adjustment	拨快/拨慢 Aavance/to Bach		小时 Hours 增加/减少 Add/Less		天 Days
途经主要海区域 Main Erea of Route	台湾海峡/中国南海				
审批记录 Remarks:					

2. 选择和确定计划航线(Select and Determine Route)

按《中国航路指南》相关部分的推荐航线,根据本船吃水,厦门港下引水后,沿金门水道出港,经水道浅滩和二进浅滩之间,经东碇岛以北,航至东碇岛246度,距离6海里处,即24 12.0N/118 20.0E,转向东南,接入台湾海峡方航线。然后,出台湾海峡,沿常规航线西行至蒲台灯塔方位335度,距离2.5海里处,即薄寮水道南端入口处,转向西北进入薄寮水道分隔航道,直至香港引水站。

审批记录 Remarks：

注：说明所拟定航线的性质、确定依据和重要航路点情况,并在小比例尺海图上确定航线。

3. 有关航海图书资料、信息一览表(Publication/Information to be used)

名称 Title	序号 No.	书号 NP	书名 Name of the Publications	出版年月 Date of Published	备注 Remarks
航路指南 Sailing Directions	1	A102	《中国航路指南(东海海区)》	2006.08	
	2	A103	《中国航路指南(南海海区)》		
	3				
	4				
	5				
	6				
	7				
潮汐表 Tide Table	1	H102	《中国潮汐表(东海海区)》	每年	
	2	H103	《中国潮汐表(南海海区)》		
	3				
灯标表 List of ight	1	G102	《中国航标表(东海海区)》	每年	
	2	G103	《中国航标表(南海海区)》		
	3				
港口信息 Port Informations	1				
	2				
	3				
无线电信号表 List of Radio Signals	1	NP286(6)	*Admiralty List of Radio Signals Vol 6(6)*		
	2				
	3				

续表

名称 Title	序号 No.	书号 NP	书名 Name of the Publications	出版年月 Date of Published	备注 Remarks
	4				
	5				
	6				
	7				
海员手册、船舶定线等其他有关资料 Mariner's Handbook, Ship's Routing and Others	1				
	2				
	3				
	4				
	5				
	6				
	7				
航行警告 接收 Navigation Warning/ Weather Report	1				
	2				
	3				
	4				
	5				
	6				
审批记录 Remarks					

注:备注栏中可填写航海图书用途、存废等简要情况。

4. 所用总图、洋流图及航用海图一览表(Nautical Charts to be Used)

序号 No.	图号 Charts No.	图名 Title	比例尺 Scale	出版年月 Date of Published	备注 Remarks
总图					
01	10015	福州至广州(包括台湾岛)	1:1 000 000	2006.06	
02	104	南海	1:2 300 000	2000.10	

续表

序号 No.	图号 Charts No.	图名 Title	比例尺 Scale	出版年月 Date of Published	备注 Remarks
分图					
01	14292	厦门内港	1:7 500	2005.10	
02	14291	厦门港及附近	1:30 000	2005.10	
03	14281	厦门东侧及金门水道	1:25 000	2005.10	
04	14249	围头角至厦门港	1:60 000	2005.10	
05	14240	深沪湾至东碇岛	1:100 000	2006.08	
06	14300	厦门港至汕头港	1:250 000	2005.10	
07	15010	汕头港至珠江口	1:500 000	2006.06	
08	15300	碣石湾至珠江口	1:250 000	2005.10	
09	15370	大星山至桂山岛	1:120 000	2005.10	
10					
审批记录 Remarks					

注：备注栏中可填写海图性质、存废等简要情况。

5. 航线表（List of Route）

编号	从一航路点到另一航路点			累计航程	剩余航程	预计转向时间	关系海图	转向目标方位、距离	审批记录
	航路点位置	航向	航程						
01	24 24.5N/118 05.3E 厦门港引水站	140	6	6	274		14291	厦门港引水站	

续表

编号	从一航路点到另一航路点	累计航程	剩余航程	预计转向时间	关系海图	转向目标方位、距离	审批记录
02	24 19.2N/118 10.8E			268	14281		
		180	5	11			
03	24 14.2N/118 11.0E			263	14281	东碇岛 B/152,D/5.2	
		107	8	19			
04	24 12.0N/118 20.0E			255	14249	东碇岛 B/246,D/6	
		202	56	75			
05	23 07.6N/117 24.0E			199			
		242	58	133			
06	22 41.0N/116 30.0E			141		石碑山角 B/000,D/15	
		248	82	215			
07	22 10.0N/11 07.0E			59		针岩头 B/000,D/9	
		266	46	261			
08	22 07.0N/114 16.5E			13		蒲台灯塔 B/338,D/2.5	
		310	13	274			
09	22 12.9N/114 09.8E 香港青州引水站			0		香港青州引水站	

注：航程的累计为从引水站到引水站，预计转向栏只计算和填写主要转向点的预计时间。

6. 本航次海区重要记事

海区重要记事	审批记录
1．该航线从引航站到引航站的海区内最浅水深处在什么位置？该航线附近主要有哪些礁石等碍航物存在？查阅有关资料，说明航经这些海区时的注意事项。	
1．厦门港外，金门水道入口处，东碇岛以北，北有水道浅滩、水深6.5米，南有二进浅滩、蓝柏浅滩，航行中需准确定位，保持船位，不能偏离航线。 2．金门水道两侧为疑雷区，可航水域较狭窄，航行中应注意，保持船位。	
2．该航线的海区内是否有分道通航区和定线制区域？是否有禁止航行区域？查阅有关资料，说明航经这些海区时的航行方法？	

续表

海区重要记事	审批记录
香港水域,从蒲台群岛以东开始,包括担杆水道、薄寮水道皆为定线制,且为通航分道,航行中应按章航行,保持在相应的分道内航行。	
3. 该航线海区内是否有狭水道、交通密集或渔船密集区域?查阅有关资料,说明航经这些海区时的航行方法和注意事项。	
1. 厦门港金门水道两侧有疑存雷区,可航水域水道狭窄。 2. 厦门港外,东碇岛附近,渔船密集,浅滩又多,航行中应注意准确定位,不要偏航。 3. 香港水域从蒲台群岛开始,航道北侧距岸较近,注意流压,保持船位。 4. 厦门港外渔船密集,浅点较多,航行中注意避让渔船的同时,应注意保持与浅点的安全距离。 5. 广东沿海,尤其香港水域,渔船工众多,且通航密度很大,尤其担杆水道与薄寮水道交汇处,多向航行的船舶在此交汇,航行中除应严格按章航行外,还应注意了望,加强避让。	
4. 该航线的航区内有哪些主要陆标可供定位使用?你认为哪些海区的海图及其他航海资料描述不够详尽,存在一定不可信度?查阅有关资料,说明注意事项和处理方法。	
该航区全段航程几乎都可进行物标定位,航线右侧的东碇岛、南澎岛、石碑山角、针岩头、撞栏灯塔、蒲台灯塔等,都是良好的陆测和雷达定位物标。	
5. 该航线的海区内有哪一些无线电报告点?根据船舶本身的条件并查阅有关资料,说明报告的内容和程序,并在有关海图上进行标注。	
香港水域实行严格的VTS管理。当船舶进入香港水域时,要及时向香港海事处(MARDEP)进行报告。然后,当船舶正横撞栏灯塔时,过蒲台灯塔时,都要向香港海事处报告。	
6. 该季节航行在该航线的海区内会遇到哪些恶劣天气?根据船舶本身的条件并查阅相关资料,说明注意事项和具体措施。在本航线的海区内,还应该注意哪些问题?表明你的观点。	
3月份应是中国沿海航海的黄金季节,东北季风已近尾声,西面季风尚未到来,台风季节刚刚开始,一般情况下,没有恶劣天气。但广东沿海及台湾海峡的雾季已经开始,增加了航行的困难。特别是进出厦门港,及香港水域,接近港口,浅滩多,航道窄,活动水域受限,若遇能见度不良,更应特别注意。	

任务训练十 航线设计(电子海图)

一、航行报警参数设置

依次点击 Tasks List/Monitoring,调出监控主界面,在该界面中点击选取 Safety Alarm(安全报警参数设置),在安全参数窗口(图 10-1)和区域报警窗口(图 10-2)设置相关参数。

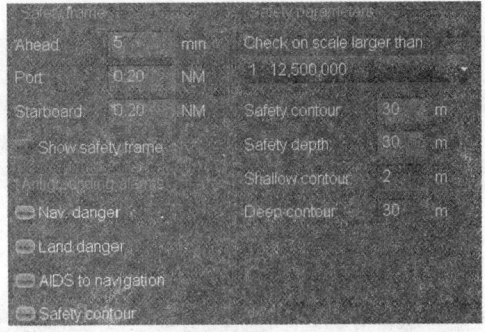

图 10-1

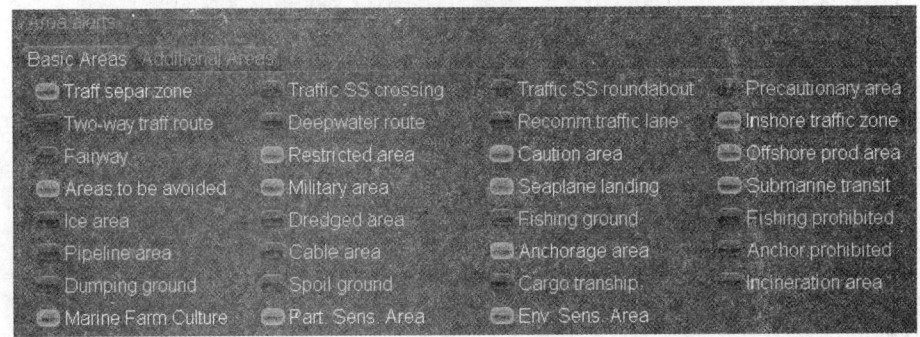

图 10-2

(一) 安全参数(Safety Parameters)设置

(1) Check On Scale Larger Than：当显示比例尺大于设定的比例尺时则报警；

(2) Safety Contour：安全等深线；

(3) Safety Depth：安全水深；

(4) Shallow Contour：浅水等深线；

(5) Deep Contour：深水等深线。依次点击 Tasks List/Monitoring/Safety Alarm，在相应 Safety Parameters 窗口位置设置浅水等深线和深水等深线，如图 10-3 所示。

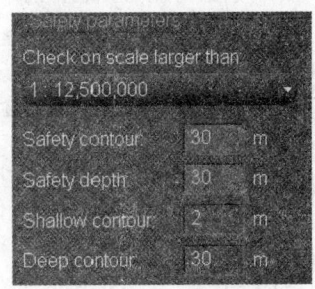

图 10-3

(二) 区域报警设置

Ecdis 系统将区域分为基本区域和其他区域两大类。只需将区域名称前的小标签点亮就可以激活该区域报警。

二、航线设计

点击控制面板上的任务清单 Tasks List/Route Edit 菜单标签，就可在电子海图显示区正下方弹出航线编辑窗口，如图 10-4 所示。

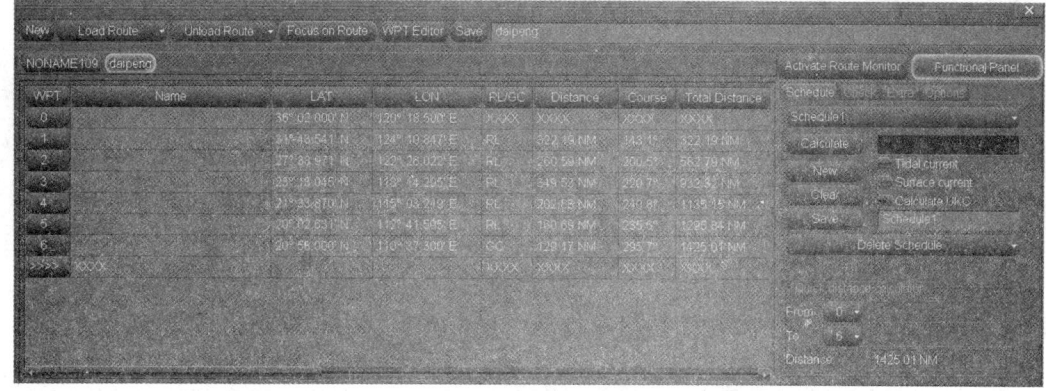

图 10-4

（一）新建航线

在在航线编辑窗口左侧点击 NEW 标签，此时，光标会自动跳到海图显示区。这时可以直接进行图形编辑，或者点击右键退出进行表格编辑。

（二）航线编辑

处于编辑状态下的航线为蓝色的虚线，结合海图显示比例尺的放大和缩小及海图的漫游操作进行航线编辑，也可在航线表中对其他的参数进行设置。航线编辑的方法主要有以下两种。

1. 表格编辑

在航线编辑窗口右侧点击 Extra 标签，再点击 Columns 标签就可在弹出的菜单中选择航线表的显示内容，有显示所有信息（All）、转向点编号（WPT）、转向点名称（Name）、航路点纬度（Lat）、航路点经度（Lon）、航线种类（RL 恒向线、GC 大圆航线）、航段航程（Distance）、计划航向（Course）、自起始点至任意航路点的总航程（Total Distance）、航线左舷的航迹带宽度（Port Xte）、航线右舷的航迹带宽度（Stb Xte）、旋回半径（Turn Radius）、时区（Time Zone）、预抵时间（ETA）、开航时间（Etd）、预计在航路点上的停留时间（Stay）、航段的航行时间（TTG）、从起始点到任意航路点的总时间（Total Time）、航段航速（Speed）、从起始点到任意航路点的平均航速（Average Speed）。除去转向点的经纬度以外其他数据必须采用表格编辑。

表格编辑具体操作如下。

（1）新建转向点。在航线表中，在空白行双击某一单元格可以输入相关数据，点击回车键确认输入。有些内容如转向点经纬度，也可以在输入后点击右键，在弹出的菜单点击 APPLY 进行确认；点击 Cancel 取消修改操作。

（2）编辑转向点。操作方法与新建转向点类似，双击已有转向点的某一单元格，修改相关参数。

（3）删除转向点。点击航路点编号选中要删除的航路点所在的某一行，点击键盘上的 DELETE 即可删除选中转向点。

（4）插入转向点。点击航路点编号选中要插入的航路点所在的上一行,点击键盘上的 INSERT 即可删除选中转向点。

2．图形编辑

点击第一行 New 右边的 Wpt Edit 标签,光标会变成一个方框自动跳到电子显示区,就可以直接在海图上进行航路点的编辑了。

（1）新建转向点。光标点击 Wpt Edit 标签,将方框移动到航线起点,点击鼠标左键选中,然后移动鼠标到下一个转向点处点击左键。依次移动鼠标到下一个转向点处点击左键,从而在海图上绘画出航线来。

（2）移动转向点。光标点击 Wpt Edit 标签,将方框移动到要移动到转向点上点击鼠标左键选中,然后移动鼠标到新的位置点击左键确认则该转向点就移动到了新的位置。

（3）删除转向点。光标点击 Wpt Edit 标签,将方框移动到要移动到要删除的转向点上点击左键选中,然后点击右键或点击键盘上的 Delete 则该转向点就会被删除掉。

（4）插入转向点。光标点击 Wpt Edit 标签,将方框移动到要两转向点之间点击鼠标左键,然后移动鼠标到新的位置处点击左键确认,就可把该转向点移动到新的位置。

（三）反转航线

点击航线编辑窗口右侧的 Extra 标签中的 Reciprocal（反转）标签（如图 10-5 所示）,则航线表中的各航路点的参数及海图上各航路点的编号会出现倒序排列,最后对航线进行改名点击 Save 就可以将航线保存成反向航线。

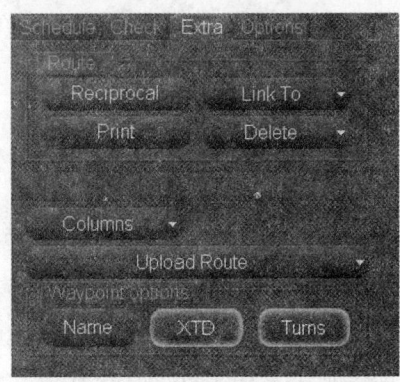

图 10-5

（四）载入航线

点击航线编辑窗口左上角 New 标签右侧的 Load 标签中,在弹出的航线名称菜单中点击选取要载入的航线名称即可载入该航线。如果所调入的航线不在当前电子屏幕的海图位置上时,即在当前的电子海图上看不到已经载入的航线,只需点击 Focus On Route（定位至航线）即可在屏幕上自动显示出所选载入的航线。

（五）卸载航线

点击航线编辑窗口第一行 Load 标签右侧 Unload（载入航线）标签,在弹出的载入航线名称菜单列表中点击要卸载的航线名称,则该航线就会在海图上消失从而完成航线卸载。

（六）删除航线

在航线编辑窗口右侧点击 Extra 窗口标签（如图 10-5 所示），在 Extra 窗口点击 Delete 标签，在弹出的菜单中选择要删除的航线，弹出确认对话框，点击 Yes 删除航线。

（七）连接航线

在此步操作前先载入一条航线，点击在航线编辑窗口右侧 Extra 标签窗口（如图 10-5 所示）中的 Link To 标签，选择另外一条要连接的航线，就可将该航线连接至事先载入航线的最后一个转向点上成为一条新的航线。

（八）打印航线

在航线编辑窗口右侧点击 Extra 窗口标签，如图 10-5 所示。在 Extra 窗口点击 Print 标签，即可打印该航线的相关内容。

（九）上传航线

在航线编辑窗口右侧点击 Extra 窗口标签，如图 10-5 所示。在 Extra 窗口点击 Upload Route 标签，点击选用航线名称即可将该航线输出至于 Ecdis 相连接的外部设备中如 Gps、雷达等。

三、航线有效性检验

在航线编辑窗口右侧点击 Check（检验）标签窗口（图 10-6），打开 Check 窗口。航线有效性检验有以下两种方法：

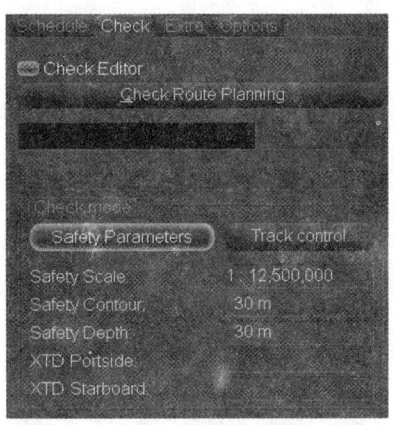

图 10-6

(1) Check Editor：在航线设计过程中，没设计完一个航段后，系统便会立即自动对设计好的航段航线进行检验，如有危险就会产生报警。

(2) Check Route Planning：一条完整的航线设计完成后，点击该标签即可对整条航线进行有效性检验。检验开始后,在检验窗口处会显示检验的进度条和目前检验的状态信息,如图 10-7 所示。在检验进度条的右侧有 Stop 标签,可以点击 Stop 标签随时终止检验进程,以便进行其他紧急操作。

航线检验结束后,可以在航线检验窗口查看检验过程中检测出来的报警数量及每一种报警的性质,报警性质信息用红色来显示。在检验结果窗口(图 10-8)中,通过点击左下角处向左向右的箭头来查看某一个报警信息,然后点击 Show On Chart 标签,就可以将该报警快速定位到当前显示中,并用一个红黄闪烁的圆圈标示其位置。如在航线检验前已经把 Check Editor 标签点亮的话,在航线检验窗口下方的 Edit 标签(功能和 Wpt Edit 标签功能相同)是可以使用的。这时就可以使用 Edit 标签功能对航线进行必要的修改,通过添加移动删除转向点的方式使航线避开危险,修改完毕点击右键退出,再点击航线检验窗口下方的 Accept 标签,则重新检验该段航线,如该航段没有危险会在航线检验窗口中以白色字体显示 Check Route Complete,点击 Accept 标签便会自动对整条航线进行再检验。

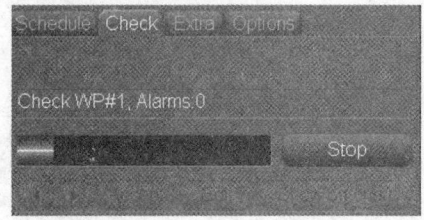

图 10-7

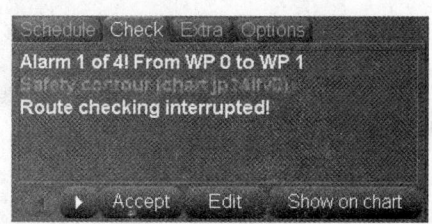

图 10-8

依次点击向右的箭头和 Show On Chart 标签,用 Edit 标签对航线进行修改调整,直到没有危险为止。然后便可点击 Accept 标签退出航线检验功能。

四、航迹计算

在航线编辑窗口右侧点击 Check(检验)窗口标签,打开 Schedule(计划)窗口(图 10-9)。在该窗口中,可以进行航线数据的相关计算,具体标签功能如下:

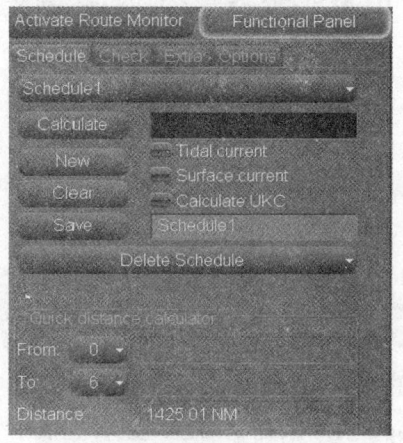

图 10-9

(1) New：新建一个航次计算。

(2) Calculate：点击该标签就可以进行计算，并将计算所得的数据自动填进航线表。

(3) Surface Current：考虑表面洋流的影响，如考虑就把该标签点亮。

(4) Tidal Current：考虑潮流的影响，如考虑就把该标签点亮。

(5) UKC：考虑干舷的影响，如考虑就把该标签点亮。

(6) Clear：点击该标签清除计算结果，仅保存航线计算的名称。

(7) Delete：点击该标签可以对航次计算进行删除。

(8) Save：在右侧的编辑文本框内输入航次计算的名称，再点击该标签就可以对航次计算的结果进行保存。

具体操作过程：在航线计算前，先设计或调用一条航线，再点击 New 标签，则可新建一个航线计算。如果是调用航线的话，也可以在航次计算名称显示的长标签处进行点击调用已有的航次计算。

在进行航次计算之前，应确认下列航路点信息的完整性：时区 Time Zone、Eta、Etd、Stay、Speed，特别是起始点的 Etd，最后一个转向点的 Eta 或者整条航线的航速。因为所做的航次计算是针对整条航线的航速、航程和航时三者的一个逻辑关系，已知其中的两项要素就可以求取剩下的第三个要素。在做航次计算时一定要注意逻辑关系，比如任一航路点的 Eta 不能在 Etd 之前；航线表里的相邻转向点不能考得特别近或者经纬度相同；各航段的航速不能特别大或者航时特别短等等这些都不符合逻辑，在做航次计算时是无法计算出结果的并且在航线计算窗口会报错。当航线计算完毕，可以在 Save 标签右边的编辑文本窗口输入航线计算的名称并点击 Save 标签保存。

附录　航线设计评估题卡及评估标准

评估项目	航线设计	题卡编号	QDHX001	考试时间	90 分钟
适用对象	沿海航区 500 总吨及以上船舶二三副	总分	100	及格	60
实操要求	1. 根据下述指令完成全部操作； 2. 将操作步骤或结果填写在相应的实操报告中。				

一、海图及图书资料改正(25 分)

3.1 请根据中版 2008 年第 26 期《航海通告》及《中国海图符号识别指南》完成以下题目。

3.1.1 识别下列中版海图图式表示的意义。(5 分)

① ⊛ 　② M

3.1.2 根据 2008 年第 26 期中版通告查阅海图改版消息。(5 分)

3.1.3 根据 2008 年第 26 期中版通告查阅航标表 G102 的改正信息。(5 分)

3.1.5 根据 2008 年中版《航海通告》在海图 12100 上进行海图改正并登记(10 分)

132 黄海　山东半岛　古龙嘴—设置灯塔

在 36°44.′2N, 121°38′.8E 处加绘：✿闪(12)10s 8m 5M 雷康(C)。

海图 12100 [2007—1278]

资料来源 津航标字(2007)98 号

二、航线设计(60 分)

某杂货轮船长 135.47 m，船宽 19.33 m，总吨 7383.85T，净吨 4752.00T，总载重吨 8860T，马力 8400HP，船速 15 kn，吃水 9.00 m。

第 20 航次计划 2010 年 8 月 10 日 1200 时从青岛开往上海，按相关资料设计一条合理的计划航线，并完成以下各题：

3.2 抽选海图及图书资料(20 分)

3.2.1 抽选航次所需的全部海图。(10 分)

3.2.2 抽选航次所需的《航路指南》。(5 分)

3.2.3 根据 K102, 检验海图 12000 是否适用并简述理由。(5 分)

3.3 查阅航海图书资料(10 分)

3.3.1 根据 A101 查阅推荐航线信息资料。(5 分)

3.3.2 利用 G101, 查阅潮连岛灯标的详细资料。(5 分)

3.4 绘画航线、编制航线表(30 分)

3.4.1 设计航线并作适当标注。(20 分)

要求：航线从青岛港外 35°50.′0N,120°50.′0E 开始，画到长江口 30°58.′0N,122°30.′0E 附近(只画总图 12000 其它海图不画)。

3.4.2 根据所画航线编制航线表(10 分)

三、航迹绘算(15 分)

3.5 航迹绘算

[海图 12100]某轮 2006 年 8 月 15 日,从大连开往青岛,用磁罗经指向。Dev=1°41′E,△L=+5%,V=12.0 kn。0800　L1=96°.0,测得镆铘岛灯塔 CB=275°,D=5′.0,CA=232°计划航至苏山岛灯塔正南 5′.0 处转向,航区无风,南流 2 节。0900　L2=108°.0,GPS 船位 φ=36°43.′2N,λ=122°25′.6E。转移船位后,调整航向继续航行,此时风要素不变,无流。求：

3.5.1 0800 观测船位（经纬度）。(5 分)

3.5.2 0800~0900 时实测风流压差 γ 及调整航向后到达下一转向点应驶的 CC；(5 分)

3.5.3 到苏山岛灯塔正横时的船位及正横距离；(5 分)

注：3.4 项和 3.5 项均须及格,否则本评估项目不及格。

评估项目	航线设计	题卡编号	QDHX002	考试时间	90分钟
适用对象	沿海航区500总吨及以上船舶二三副	总分	100	及格	60
实操要求	1. 根据下述指令完成全部操作； 2. 将操作步骤或结果填写在相应的实操报告中。				

一、海图及图书资料改正(25分)

3.1 请根据中版2008年第23期《航海通告》及《中国海图符号识别指南》完成以下题目。

3.1.1 识别下列中版海图图式表示的意义。(5分)

① +   ② | | | | | | | | | | |

3.1.2 根据2008年第23期中版通告查阅新版海图预告消息，并写出图号。(5分)

3.1.3 根据2008年第23期中版通告查阅改版图书，并写出书号。(5分)

3.1.5 根据2008年中版《航海通告》在海图12100上进行海图改正并登记(10分)

468 中国黄海山东半岛成山角灯塔改变

位置	原灯质	新灯质
37°23.′4N, 122°42.′4E	闪4秒60米21海里(环向、笛)	闪4秒80米30海里

海图12100　[935-2007]

二、航线设计(60分)

某轮船长135.47 m,船宽19.50 m,总吨7833.00T,净吨5200.00T吃水9.0 m,船速15 kn。

第31航次计划2010年8月15日1000时从厦门开往香港，按相关资料设计一条合理的计划航线并完成以下各题：

3.2 抽选海图及图书资料(20分)

3.2.1 抽选航次所需的全部海图。(10分)

3.2.2 抽选航次所需的《航路指南》。(5分)

3.2.3 根据K102,检验海图14000是否适用并简述理由。(5分)

3.3 查阅航海图书资料(10分)

3.3.1 根据A103查阅部分推荐航线信息资料。(5分)

3.3.2 利用所选G103,查阅横澜岛灯塔的详细资料。(5分)

3.4 绘画航线、编制航线表(30分)

3.4.1 设计航线并作适当标注。(20分)

要求：航线从厦门外锚地24°15.′0N,118°20.′0E画到横澜灯塔正南4.′0处(只画总图14000、15010,其它海图不画)。

3.4.2 根据所画航线编制航线表(10分)

三、航迹绘算(15分)

3.5 航迹绘算

[海图12100] 2000年×月×日,某轮驾驶台眼高e＝9米,ΔL ＝-7‰,陀罗差ΔG＝＋1°

1600　L1＝50.′0,φ0＝36°30.′0N,λ0＝122°30.′0E,驶陀罗航向GC＝019°,流向正西,流速Vc＝1.0 kn；

1800 L2＝78.′0,风流不变,测东南高角D＝8.′0,GB＝253°。转移船位后沿CA005°航行。

求：

3.5.1 1800观测船位(经纬度)。(5分)

3.5.2 1600～1800时实测风流压差γ及转移船位后应驶的GC；(5分)

3.5.3 到褚岛咀灯塔最近时的船位及距离；(5分)

注：3.4项和3.5项均须及格,否则本评估项目不及格。

评估项目	航线设计	题卡编号	QDHX003	考试时间	90分钟
适用对象	无限航区500总吨及以上船舶二三副	总分	100	及格	60
实操要求	1. 根据下述指令完成全部操作； 2. 将操作步骤或结果填写在相应的实操报告中。				

一、海图及图书资料改正(25分)

3.1 请根据英版2009年第7期《航海通告》及英版海图5011完成以下题目。

3.1.1 识别下列英版海图图式表示的意义。(5分)

① (+++)   ② [Foul]

3.1.3 根据2009年第7期英版通告查阅NP27的改正信息。(5分)

3.1.4 根据2009年第7期英版通告查阅新图出版消息。(5分)

3.1.8 根据2009年《航海通告》在海图1254上进行海图改正并登记(10分)

468 China yellow sea shan dong ban dao cheng shan jiao—lights
Chart 1254 [previous update 3972/07]
Amend light to FL(2) 20s 80m 30M   37°23.′4N, 122°42.′0E

二、航线设计(60分)

某轮船长156 m,船宽22 m,吃水9.0 m,船速15 kn。

第56航次计划2010年8月20日1500时从香港开往湛江港,按相关资料设计一条合理的计划航线,并完成以下各题:

3.2 抽选海图及图书资料(20分)

3.2.1 抽选航次所需的全部海图。(10分)

3.2.2 抽选航次所需的《航路指南》。(5分)

3.2.3 根据2007年《航海图书总目录》检验海图15020是否适用并简述理由。(5分)

3.3 查阅航海图书资料(10分) 3.3.1 根据NP286(4)查阅香港的引航服务。(5分)

3.3.2 利用G103(2010\2011版),查阅硇洲岛差分定位系统的资料。(5分)

3.4 绘画航线、编制航线表(30分)

3.4.1 设计航线并作适当标注。(20分)

要求:航线从横澜岛正南4′.0到硇洲岛灯塔方位239°D4′.2处(只画总图15020其它海图不画)。

3.4.2 根据所画航线编制航线表(10分)

三、航迹绘算(15分)

3.5 航迹绘算

[海图1254]2000年×月×日,某轮眼高e=10米,△L=-4‰,△G = -1°,航区内有流,流向120°,流速VC=1.5 kn,SE风5级。0800 L1=35′.0,GPS船位φ0=36°53.′6N,λ0=122°46.′3E,驶陀罗航向GC=234°α取2°;0900 L2=45′.7,测得Dong nan gao jiao灯塔GB=330°,测得Sunshan dao灯塔GB=268°。转移船位后,调整航向CA=252°继续航行。

求:

3.5.1 0900 观测船位(经纬度)。(5分)

3.5.2 0800～0900时实测风流压差γ及调整航向后到达下一转向点应驶的GC;(5分)

3.5.3 到东南高角灯塔最近时的船位及距离(5分)

注:3.4项和3.5项均须及格,否则本评估项目不及格。

评估项目	航线设计	题卡编号	QDHX001	考试时间	60分钟
适用对象	沿海航区500总吨及以上船舶二三副	总分	100	及格	60
评估说明					

<table>
<tr><td colspan="6" align="center">评估标准</td></tr>
<tr><td colspan="6">

一、海图及图书资料改正(25分)

3.1 请根据中版《航海通告》及《中国海图符号识别指南》完成以下题目。

3.1.1 识别下列中版海图图式表示的意义。(5分)

答：① ⊕ 适淹礁　② M 淤泥

3.1.2 根据2008年第26中版通告查阅海图改版消息。(5分)

答：改版海图图号14293，图名猴屿至湖山煤码头，改版时间：2008年4月。

备注：2007年5月版14293作废。

3.1.3 根据2008年第26中版通告查阅航标表G102的改正信息。(5分)答：在第四部分第3～5页。

3.1.5 根据2008年中版《航海通告》在海图12100上进行海图改正并登记。(10分)

答：打分标准：根据考生改正海图的作图规范性，位置准确性及是否进行登记的情况打分。

二、航线设计(60分)

3.2 抽选海图及图书资料(20分)

3.2.1 抽选航次所需中版海图。(10分)答：图号——总图：12000；　航行图：12351　12300　13100　13183　13184。

3.2.2 抽选航次所需的中版《航路指南》。(5分)答：A101　A102。

3.2.3 根据K102，检验海图12000是否适用并简述理由。(5分)

答：根据K102查得海图12000出版的时间为2006年3月，所使用的海图出版时间为1992年9月，因此已不适用。

3.3 查阅航海图书资料(10分)

3.3.1 根据A101查阅推荐航线信息资料。(5分)

答：根据A101第一章第四节航路概述，查得青岛到上海航线资料刊在该书第51页右边深水航路部分。

3.3.2 利用G101，查阅潮连岛灯标的详细资料。(5分)　答：page82或page113 编号1653.

(注：所使用的航海图书资料的版本不同，页数等信息也不同)

3.4 绘画航线、编制航线表(30分)

3.4.1 设计航线并作适当标注。(20分)

打分标准：主要考虑设计航线安全性、经济性、画航线的能力；航线标注应包括转向点位置，航向，航程，接图说明及其他说明。

3.4.2 根据所画航线编制航线表(10分)打分标准：航线表应包括转向点位置，航向，航程，累积航程等。

三、航迹绘算(15分)

3.5 航迹绘算

3.5.1 0800观测船位(经纬度)。(5分)　答：(φ36°53′.8N　λ122°37′.0E)

3.5.2 0800～0900时实测风流压差γ及调整航向后到达下一转向点应驶的CC；(5分)答：-7°，253°。

3.5.3 到苏山岛灯塔正横时的船位及正横距离；(5分)　答：(φ36°40′.8N　λ122°17′.4E)，D= 4′.6

注：3.4项和3.5项均须及格，否则本评估项目不及格。

</td></tr>
</table>

评估项目	航线设计	题卡编号	QDHX002	考试时间	60分钟
适用对象	沿海航区500总吨及以上船舶二三副	总分	100	及格	60
评估说明					
评估标准					

一、**海图及图书资料改正(25分)**

3.1 请根据中版2008年第23期《航海通告》及《中国海图符号识别指南》完成以下题目。

3.1.1 识别下列中版海图图式表示的意义。(5分)

答：① ┼ 暗礁 ② ∣∣∣∣∣∣∣∣∣∣ 鱼栅

3.1.2 根据2008年第23期中版通告查阅新版海图预告消息,并写出图号。(5分)

答：在page1 图号11862。

3.1.3 根据2008年第23期中版通告查阅改版图书,并写出书号。(5分)答：H101,H102,H103,H104。

3.1.5 根据2008年中版《航海通告》在海图12100上进行海图改正并登记。(10分)

答：打分标准：根据考生改正海图的作图规范性,位置准确性及是否进行登记的情况打分。

二、**航线设计(60分)**

3.2 抽选海图及图书资料(20分)

3.2.1 抽选航次所需全部中版海图。(10分)答：图号——总图：14000,15010; 航行：14249 14300 15100 15300 15370。

3.2.2 抽选航次所需的中版《航路指南》。(5分) 答：A102 A103。

3.2.3 根据K102,检验海图14000是否适用并简述理由。(5分)

答：根据K102查得海图14000出版的时间为2006年7月,所使用的海图出版时间为1986年6月,因此已不适用。

3.3 查阅航海图书资料(10分)

3.3.1 根据A103查阅部分推荐航线信息资料。(5分)

答：在Page33～Page35,航线三。3.3.2 利用所选G103,查阅横澜岛灯塔的详细资料。(5分) 答：在Page223 编号0137。

(注：所使用的航海图书资料的版本不同,页数等信息也不同)

3.4 绘画航线、编制航线表(30分)

3.4.1 设计航线并作适当标注。(20分)

打分标准：主要考虑设计航线安全性、经济性、画航线的能力；航线标注应包括转向点位置,航向,航程,接图说明及其他说明。

3.4.2 根据所画航线编制航线表(10分)打分标准：航线表应包括转向点位置,航向,航程,累积航程等。

三、**航迹绘算(15分)**

3.5 航迹绘算

3.5.1 1800 观测船位(经纬度)。 答：$\varphi 36°56'.0N$ $\lambda 122°39'.6E$

3.5.2 1600～1800时实测风流压差γ及转移船位后应驶的GC；(5分)   答：−5°, 009°

3.5.3 到褚岛咀灯塔最近时的船位及距离。(5分) 答：($\varphi 37°02'.0N$ $\lambda 122°40'.4E$),D=5′.6

注：3.4项和3.5项均须及格,否则本评估项目不及格。

评估项目		航线设计	题卡编号	QDHX003	考试时间	60分钟
适用对象		无限航区500总吨及以上船舶二三副	总分	100	及格	60
评估说明						

评估标准

一、海图及图书资料改正(25分)

3.1 请根据请根据英版2009年第7期《航海通告》及英版海图5011完成以下题目。

3.1.1 识别下列英版海图图式表示的意义。(5分)

答：① (+++) 危险沉船,中版海图沉船上水深小于20米,英版海图沉船上水深小于28米

② 有碍抛锚或拖网的地区

3.1.3 根据2009年第7期英版通告查阅NP27的改正信息。(5分)

答：在第四部分,page4.1。

3.1.4 根据2009年第7期英版通告查阅新图出版消息。(5分) 答：在第Ⅰ部分,page1.7。

3.1.8 根据2009年《航海通告》在海图1254上进行海图改正并登记(10分)

答：打分标准：根据考生改正海图的作图规范性、位置准确性及是否进行登记的情况打分。

二、航线设计(60分)

3.2 抽选海图及图书资料(20分)

3.2.1 抽选航次所需全部海图。(10分)答：图号——总图：15020； 航行图：15370 15500 15700 15741 15731。

3.2.2 抽选航次所需的《航路指南》。(5分) 答：A103。

3.2.3 根据2007年《航海图书总目录》检验海图15020是否适用并简述理由。(5分)

答：根据2007年《航海图书总目录》12页查得海图15020的出版日期为2005年6月。所使用的海图15020出版时间为1996年10月。因此,此海图已不适用。

3.3 查阅航海图书资料(10分)

3.3.1 根据NP286(4)查阅香港的引航服务信息。(5分)

答：在NP286(4)的Page80下半页,PILOTS栏目下的信息。

3.3.2 利用G103(2010\2011版),查阅硇洲岛差分定位系统的资料。(5分)答：在page260上半页。

(注：所使用的航海图书资料的版本不同,页数等信息也不同)

3.4 绘画航线、编制航线表(30分)

3.4.1 设计航线并作适当标注。(20分)

打分标准：主要考虑设计航线安全性、经济性、画航线的能力；航线标注应包括转向点位置,航向,航程,接图说明及其他说明。

3.4.2 根据所画航线编制航线表(10分)打分标准：航线表应包括转向点位置,航向,航程,累积航程等。

三、航迹绘算(15分)

3.5 航迹绘算

3.5.1 0900观测船位(经纬度)。 答：($\varphi 36°45'.9N$ $\lambda 122°36'.4E$)

3.5.2 0800～0900时实测风流压差γ及调整航向后到达下一转向点应驶的GC;(5分) 答：—6°,261°。

3.5.3 到东南高角灯塔最近时的船位及距离;(5分) 答：($\varphi 36°47'.7N$ $\lambda 122°37'.9E$),D=8′.6

注：3.4项和3.5项均须及格,否则本评估项目不及格。

参考文献

[1] 章文俊.航海学:二/三副角[M].大连:大连海事大学出版社,2012.

[2] 中国海事服务中心.航海学:航海地文、天文和仪器[M].北京:人民交通出版社;大连:大连海事大学出版社,2012.

[3] 中国海事服务中心.海船船员适任证书知识更新:船长、驾驶员[M].北京:人民交通出版社;大连:大连海事大学出版社,2012.

[4] 高亮,李良修.电子海图操作与应用[M].青岛:中国海洋大学出版社,2014.